LE
CITRON
MALIN

Le citron malin

Publié originalement en France en 2009
par les éditions Leducs.s

© 2009, Leduc.s Éditions pour l'édition originale

Édition spéciale QUÉBEC LOISIRS ULC.

www.quebecloisirs.com

Dépôt légal — Bibliothèque et Archives nationales du Québec,
Bibliothèque et Archives Canada, 2014

ISBN QL : 978-2-89666-298-2

Publié précédemment sous ISBN : 978-2-84899-332-4

Mise en garde
Les conseils santé proposés dans ce livre
ne dispensent pas d'un diagnostic et d'un avis médical.

Imprimé au Canada

JULIE FRÉDÉRIQUE

LE
CITRON
MALIN

QUÉBEC
LOISIRS

Sommaire

CHAPITRE I

Tout savoir
sur le citron

Le fruit d'or

Un petit fruit bien pratique

Avec son parfum intense, son jus acide et son zeste savoureux, le citron exalte les saveurs des plats qu'il accompagne et étanche les plus grandes soifs. Il pétille en bouche et sa fraîcheur acidulée vivifie. Mais il est bien plus qu'un simple condiment. Grâce à ses propriétés miraculeuses, ce petit fruit très astucieux sait se rendre utile dans de nombreuses occasions. Ce n'est pas pour rien qu'il a été surnommé «le fruit d'or». En effet, bien cachés sous son épaisse écorce jaune soleil, il renferme de fabuleux trésors de bienfaits insoupçonnés, qu'il offre généreusement à qui sait les exploiter.

Si on a un citron, on a tout

Gorgé de principes actifs, il est multifonctions et peut remplacer tant de produits utiles au quotidien que si l'on a un citron, on a tout ! Il endosse tour à tour le rôle de nettoyant, de détachant, de détartrant, de produit de beauté, de médicament et d'aide-minceur, pour ne citer que quelques-uns de ses multiples usages possibles. Ce qui simplifie bien la vie ! Écologique et économique, il remplace les produits de beauté et ménagers toxiques pour l'environnement proposés dans le commerce à des prix astronomiques. Grâce à lui, réalisez vous-même vos produits de beauté et d'entretien 100 % naturels. La planète vous en remerciera et votre porte-monnaie aussi. Décoratif, il apporte de la lumière et de la gaieté à votre cuisine. Avec ses frères, ils forment une vraie pyramide de soleils, empilés les uns au-dessus des autres !

Dans le citron tout est bon !

huile essentielle ——— 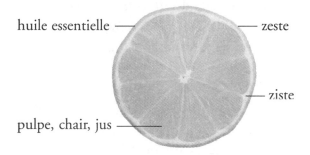 ——— zeste

——— ziste

pulpe, chair, jus ———

L'écorce (ou zeste)

L'épaisse écorce aromatique du citron, très parfumée car riche en huile essentielle, est utilisée en cuisine sous forme de zestes, c'est-à-dire découpée en fines lanières pour aromatiser et décorer plats, boissons et pâtisseries. Pour prélever le zeste d'un citron, il suffit de râper son écorce à l'aide d'un zesteur, d'un épluche-légumes ou d'une râpe à fromage. Séchées à l'air libre ou confites, les écorces se conservent très longtemps dans un pot à épices. Elles perdront une partie de leur saveur au séchage, mais contribueront tout de même à agrémenter un plat. De l'écorce on extrait également l'huile essentielle de citron à l'arôme intense et aux multiples propriétés thérapeutiques.

Le ziste

La fine peau blanche située entre l'écorce et la chair est très amère. Prenez soin de la retirer des zestes avant de les incorporer dans vos recettes.

La pulpe/la chair/le jus

Sous son écorce, le citron abrite des quartiers juteux et acides, extrêmement riches en vitamine C (acide ascorbique). De la pulpe du citron on extrait le jus employé pour aromatiser, soigner, désaltérer. L'acide citrique, lui, est un additif utilisé dans la préparation de vins, de liqueurs, de confitures, de marmelades, de sodas, de pruneaux, etc., soit pour améliorer leur goût, soit pour les conserver.

L'huile essentielle de citron

Plus concentrée que la phytothérapie (= le jus de citron), l'aromathérapie (= l'huile essentielle de citron) est à utiliser avec précaution.

Puissamment antiseptique, elle s'attaque aux parasites, bactéries, champignons et virus pour tout purifier sur son passage, y compris l'air ambiant.

Interview de Danièle Festy*, pharmacienne, à propos de l'huile essentielle de citron

Qu'est ce que l'huile essentielle de citron ?

Contrairement aux autres huiles essentielles, extraites par distillation à la vapeur d'eau, on obtient celle de citron par simple expression de son zeste à froid. L'huile essentielle de citron est contenue dans son écorce. Il faut environ 1 kg de citrons pour obtenir 10 ml d'huile essentielle, soit 100 kg de citrons pour obtenir 1 litre.

À quoi peut-elle servir ?

Les principes actifs du citron se démultiplient dans son huile essentielle, c'est pourquoi elle est si intéressante d'un point de vue pharmacologique. L'huile essentielle de citron possède une action préventive et curative contre toutes les infections virales ou bactériennes. Elle est très efficace pour soigner les maladies respiratoires et hivernales, assainir l'air ambiant et même agrémenter un plat. Il faudrait diffuser de l'huile essentielle de citron dans tous les lieux publics ou très fréquentés, surtout dans les écoles, les crèches et les cabinets médicaux pour éviter les contagions, ainsi que dans les hôpitaux pour limiter la propagation des maladies nosocomiales (contractées en milieu hospitalier). Pensez donc à en diffuser chez vous, dans la cuisine et au

$\longrightarrow$

* Auteur de *Ma Bible des huiles essentielles* et de divers autres ouvrages d'aromathérapie aux éditions Leduc.s.

bureau. Je recommande également l'huile essentielle de citron pour les troubles digestifs. Une seule goutte d'huile essentielle de citron sur un morceau de sucre à laisser fondre en bouche lève une nausée ou permet de digérer un repas un peu lourd.

Comment l'employer ?

L'huile essentielle de citron s'utilise aussi bien en diffusion dans l'atmosphère, qu'en usage externe (compresses, gargarismes) et interne (on peut la boire et l'incorporer à la cuisine).

Pour votre santé, n'utilisez que de l'huile essentielle de citron de première qualité et avec parcimonie. Une à deux gouttes suffisent. Votre petit flacon durera très longtemps, d'autant que l'huile essentielle de citron se conserve très bien.

Précautions d'utilisation : l'huile essentielle de citron est un véritable concentré des principes actifs du citron. Elle peut donc se révéler plus efficace contre certaines affections que le simple jus de citron. Cependant, elle est à utiliser avec davantage de précautions.

Quatre règles d'or à respecter lorsque vous utilisez l'huile essentielle de citron :

1. **Ne jamais l'appliquer pure sur la peau** sous peine de provoquer des irritations cutanées. Il faut toujours la diluer à une huile végétale,

d'olive ou d'amande douce, par exemple. En revanche, vous pouvez appliquer du *jus* de citron pur directement sur la peau sans risquer de mauvaise surprise.

2. **Ne jamais appliquer d'huile essentielle de citron sur la peau avant de vous exposer au soleil.** Photosensibilisante à cause de son bergaptène, elle pourrait faire apparaître des taches indélébiles. Nettoyez votre peau et laissez passer au moins six heures avant de vous exposer. Sachez cependant qu'une huile essentielle sans bergaptène est aussi en vente dans le commerce. Demandez conseil à votre pharmacien.

3. **Ne pas l'utiliser si vous allaitez.** En revanche, elle est inoffensive chez la femme enceinte, même de moins de trois mois.

4. **Ne jamais l'inhaler;** mais vous pouvez la diffuser sans danger.

Des trésors de bienfaits

De tous les fruits, le citron est peut-être celui qui détient le plus de propriétés nutritionnelles et thérapeutiques. Très peu calorique (19 calories pour 100 g) et composé à 90 % d'eau, il renferme pourtant une mine de vitamines, minéraux et oligo-éléments indispensables au bon fonctionnement de l'organisme ainsi que d'autres principes actifs très intéressants pour la santé. À raison de 10 calories par fruit, aucune raison de s'en priver!

Valeurs nutritionnelles pour 100 g de citrons (environ 2 gros citrons)	
Calories	19 kcal
Protéines	0,7 g
Glucides	2,5 g
Lipides	0,3 g
Fibres	2,8 g
Vitamine C	52 mg
Eau	90 %

De tous les agrumes, c'est le plus riche en vitamine C (avec 52 mg pour 100 g de fruit). Mais il contient également des vitamines B1, B2 et B6, ainsi que du magnésium, du calcium, du potassium, du phosphore, du cuivre, du fer, de l'acide folique, du silicium, du manganèse, des coumarines, des caroténoïdes (il n'y en a pas que dans les carottes!) des fibres et de la pectine.

Le citron qui guérit

Originaire de Chine et d'Inde, le citron fut très tôt considéré comme une sorte d'or végétal capable de guérir. Dès l'Antiquité, les Égyptiens utilisaient sa pulpe et son jus en guise d'antidote contre divers poisons. À raison, puisque des études récentes ont confirmé cette croyance. Les Romains le recherchaient pour ses propriétés médicinales qu'ils considéraient comme quasiment miraculeuses. Au Moyen Âge, il était distribué sur les bateaux pour lutter contre le scorbut, une maladie due à un manque de vitamine C qui décimait les navigateurs de l'époque. Avec la découverte du Nouveau Monde, il fut utilisé dans le commerce triangulaire pour protéger les esclaves du scorbut pendant les longues traversées. Mais il fallut attendre 1932 pour comprendre le secret du citron : sa teneur élevée en vitamine C, qui contribue fortement à renforcer les défenses immunitaires et donc à prévenir les maladies. Ses propriétés antibactériennes et antivirales ont également été démontrées. Le citron fut donc de tout temps employé comme médicament pour soigner un grand nombre d'affections. Chaque siècle semble lui avoir découvert de nouvelles vertus. De nos jours encore, les médecins le recommandent contre un large éventail de maladies telles que les infections urinaires, les calculs rénaux, la bronchite, le rhume ou les brûlures d'estomac.

Fruit malin

Avec tous ces nutriments, votre citronnade quotidienne compte bien pour l'un des 5 fruits et légumes recommandés par jour!

Il renferme aussi de nombreux flavonoïdes, puissants antioxydants qui atténuent le processus de vieillissement, abaissent le cholestérol, luttent contre l'hypertension et protègent les vaisseaux sanguins. On y trouve encore d'autres substances digestives, analgésiques, astringentes, etc., responsables de ses multiples vertus thérapeutiques. Puissant antiseptique, il lutte efficacement contre les infections, et fait office de super-désinfectant pour la maison, la peau (blessures, acné…) et les aliments.

Le roi de la vitamine C

On savait déjà que les agrumes étaient riches en vitamine C, d'où l'habitude de boire un jus d'orange le matin. Mais le citron détient le record de concentration avec 52 mg de vitamine C pour 100 g de fruit. Les besoins en vitamine C étant d'environ 100 mg/jour, 2 simples citrons pressés assurent donc le quota journalier. Mais n'hésitez pas à augmenter les doses si vous êtes fumeur, fatigué, stressé ou si vous ne mangez pas de légumes ni de fruits frais à chaque repas. Vous manquez sûrement de cette précieuse vitamine! Protégée par la peau épaisse du fruit et préservée par son milieu acide, la vitamine C reste stable, même plusieurs semaines après la récolte du citron. En revanche une fois le fruit tranché, la vitamine C s'évapore à vue d'œil. Il faut donc le consommer très rapidement.

Une précieuse vitamine

Outre la vitalité et le tonus qu'elle procure, la vitamine C est essentielle au bon fonctionnement de l'organisme car elle participe à un enchaînement de processus vitaux. Elle renforce notamment le système immunitaire pour une plus grande résistance aux infections microbiennes et virales, tout en ayant un grand pouvoir antiseptique. C'est pourquoi le citron est un remède de choix contre les maladies hivernales de tout type (rhume, grippe, rhino-pharyngite, angine, sinusite, gastro-entérite…). En outre, la vitamine C lutte contre l'acidification de l'organisme, accélère la cicatrisation, normalise la pression sanguine et le taux de sucre dans le sang, protège le cristallin et les capillaires, influe sur le fonctionnement de la thyroïde et des ovaires. Enfin, c'est un puissant antioxydant qui permet de lutter contre les radicaux libres, donc de s'opposer aux effets néfastes du stress et de retarder le vieillissement. Il suffit de voir comme il est efficace sur les fruits et les légumes coupés pour éviter qu'ils noircissent au contact de l'air. Eh bien il agit de manière similaire à l'intérieur de votre corps pour empêcher vos cellules de s'oxyder. D'ailleurs, «l'acide ascorbique» (c'est son nom chimique) est très employé dans l'industrie alimentaire en tant qu'additif antioxydant : E 300.

Que de qualités, cette vitamine C! Et voici qu'un petit fruit tout mignon comme le citron nous en offre en veux-tu en voilà. Pourquoi s'en priver?

Bien choisir ses citrons

Choisissez vos citrons en fonction des caractéristiques recherchées.

Les meilleurs pour la santé

• *Privilégiez dans la mesure du possible les citrons issus de culture biologique.* En effet, même si l'écorce protège en partie la chair, des résidus de pesticides, d'insecticides et de fongicides chimiques peuvent tout de même se retrouver dans la pulpe.

• *Consommez-les bien mûrs.* Idéalement le citron aura complété sa maturation sur l'arbre, au soleil.

Décodeur des expressions utilisées sur les étalages des primeurs au marché :

«**Bio**» signifie qu'ils n'ont subi aucun traitement ni avant ni après récolte. Ils sont donc exempts de tout pesticide, fongicide et cire d'enrobage. En outre, ils sont cueillis à un stade de maturation plus avancé, après avoir mûri au soleil. Ce sont de loin les meilleurs. Que vous utilisiez leur jus ou leur zeste dans des recettes culinaires, des produits de beauté ou pour leurs vertus médicamenteuses, bref si vous les ingérez ou les appliquez sur la peau, choisissez toujours des citrons biologiques.

«**Non traités après récolte**» signifie qu'ils n'ont pas reçu de fongicides (pour diminuer les risques de moisissures) et n'ont pas été recouverts de cire (à base de paraffine pour leur donner plus belle apparence et allonger leur conservation en ralentissant l'évaporation) après la récolte. Mais cela ne signifie pas qu'ils n'ont pas reçu d'insecticides et de pesticides *avant* leur récolte, contrairement aux citrons biologiques.

21

Si vraiment vous n'avez pas d'autre choix que d'utiliser des citrons non issus de l'agriculture biologique, brossez-les sous l'eau tiède avec un peu de savon spécial fruits et légumes, de savon de Marseille pur ou de liquide vaisselle, et rincez-les à grande eau. Ce nettoyage n'éliminera pas tous les résidus de pesticides, mais c'est mieux que rien.

22

Les meilleurs au goût

• *Repérez les citrons dont l'écorce est fine*, lisse, brillante, d'un jaune éclatant et tâtez-les : ils doivent être fermes et lourds en main. Évitez les citrons à peau épaisse et rugueuse car ils contiennent en général moins de chair (donc moins de jus). Les taches vertes indiquent un taux d'acidité plus élevé.
• *Quand vous achetez des citrons verts*, vérifiez qu'ils sont souples sous le doigt : ils auront plus de jus.

Les différentes espèces de citron

De la couleur du soleil, le citron symbolise les pays chauds. On le retrouve dans la gastronomie de tout le pourtour méditerranéen et bien au-delà, du Maroc où sa saveur acidulée parfume les délicats mariages sucrés-salés des tagines, à l'Inde où il relève les chutneys aux côtés du piment, en passant par la Polynésie où il accompagne tous les poissons. La gastronomie française en a surtout décliné les versions sucrées : tartes, fruits confits, confitures, gelées, sirops, miel d'agrumes…

La culture du citron jaune est essentiellement concentrée sur le Brésil, les États-Unis et dans le bassin méditerranéen (Italie, Espagne, Portugal, Corse et midi de la France), tandis que le citron vert est cultivé dans les pays tropicaux. La récolte la plus abondante a lieu durant les mois d'automne et d'hiver, mais on réussit à obtenir un cycle de production ininterrompu en alternant les diverses variétés de citrons. Grâce aux importations venant d'Espagne et de Floride, vous en trouverez chez votre primeur tout au long de l'année.

1001 citrons

Selon la variété, le citron sera de forme plus ou moins ovale, son écorce plus ou moins fine, renfermant plus ou moins de jus et de pépins, et son goût plus ou moins parfumé, acide, doux ou sucré.

Parmi les innombrables variétés de citron que vous pouvez trouver sur les marchés, voici les plus courantes :

Variété	Saison	À quoi il ressemble
Le Primofiori	d'octobre à décembre	Ovale, avec une peau fine et une pulpe très juteuse.
Le Limoni invernale	de décembre à mi-mai	Rond, avec une peau fine, une pulpe juteuse et peu de pépins.
Le Verdelli	de mi-mai à septembre	Moins juteux, moins parfumé car souvent récolté avant maturation.
Le Verna	toute l'année	D'un jaune intense et de forme allongée, il possède une peau rugueuse et épaisse, quasiment pas de pépins et peu acide.
Le citron de Menton	février	Délicieusement parfumé et juteux.

CHAPITRE 2

Le citron radin :
« Halte au gaspillage »

Pour en presser tout le jus possible… Comment le conserver, l'économiser et le rentabiliser au maximum.

Pour obtenir un maximum de jus

Voici quelques astuces pour en profiter jusqu'à la dernière goutte.

• Pour extraire le jus de vos citrons plus facilement, sortez-les du réfrigérateur à l'avance ou laissez-les tremper toute une nuit dans l'eau froide.

• Trop tard ? Faites-les rouler sous la paume de la main de manière à les ramollir et rompre la pulpe.

• Immergez-les dans l'eau chaude pendant trois minutes (même traitement s'ils sont un peu desséchés).

- Passez-les 15 secondes au micro-ondes avant de les presser.
- Pour les presser sans éclaboussures ni pépins, il existe dans le commerce des presse-citron. C'est la seule solution pour presser un citron sans s'en mettre sur les doigts ni asperger son voisin !

Pour adoucir une acidité désagréable à certains palais

26

- Coupez le jus de citron d'un peu d'eau.
- Mélangez-le à d'autres jus de fruits plus sucrés (orange, mandarine, pamplemousse).
- Sucrez-le avec un peu de miel de fleurs d'agrumes. Mais de grâce, oubliez le sucre blanc. Ce serait gâcher les bienfaits de notre précieux citron.
- Laissez tremper 24 heures les citrons coupés en fines rondelles dans un peu d'eau avant de les incorporer à vos préparations culinaires.

Pour profiter au maximum des principes actifs du citron

La citronnade maligne

Pour une citronnade 100 % maligne, comptez un tiers de jus de citron pour deux tiers d'eau. Sucrez au minimum.

- *Une question de timing :* buvez votre jus de citron immédiatement après l'avoir pressé. La vitamine C, très fragile, n'aura pas le temps de se volatiliser au contact de l'air. Pour ne pas en perdre une miette, coupez votre citron en fines tranches et mettez-les dans un verre d'eau plate. Buvez sans attendre et, entre chaque gorgée, pressez les tranches de citron dans l'eau (avec les doigts propres bien sûr !), puis sucez les résidus.

- *La température idéale :* diluez le jus de citron dans une eau à température ambiante ou tiède, jamais glacée ni bouillante. La vitamine C résiste mal à la chaleur et se dissout dans l'eau chaude. Vous l'aurez compris, si les citrons chauds sont un régal, ils sont toutefois moins vitaminés qu'à température ambiante.

- *Le moment propice :* si le jus de citron est utilisé comme remède, les meilleurs effets seront obtenus en le buvant à jeun, 20 minutes avant ou 2 heures après un repas.

- *Les matériaux adéquats :* évitez de mettre le citron en contact avec du plastique, du métal ou de l'aluminium. Ces matériaux pourraient altérer ses ressources nutritionnelles. Préférez le bois, le verre et les matières naturelles pour préparer vos mélanges à base de citron.

Pour les conserver plus longtemps

• À température ambiante, les citrons se conservent 1 ou 2 semaines.

• Dans le bac à légumes du réfrigérateur, ils se gardent 2 à 3 semaines.

• Pour conserver encore plus longtemps vos citrons et les garder juteux, placez-les au réfrigérateur dans un récipient rempli d'eau fraîche que vous changerez tous les jours. Vos citrons resteront pendant 3 mois aussi frais que si vous veniez de les acheter.

• Les citrons verts se conservent mieux que les jaunes. Placez-les au réfrigérateur. Vous pourrez les consommer pendant 1 mois.

Pour conserver un citron entamé et éviter qu'il se dessèche :

• Posez la partie coupée sur une soucoupe avec un peu de vinaigre.

• Saupoudrez la chair de sel fin. Lors de la prochaine utilisation, il ne vous restera qu'à enlever la tranche de citron salée.

• Plongez le citron dans un verre d'eau, chair vers le bas.

• Si vous l'avez entièrement débarrassé de son zeste, immergez-le dans un bol rempli d'eau que vous changerez tous les jours et mettez-le au réfrigérateur. Il restera frais 1 ou 2 semaines.

Halte au gaspillage !

Ne jetez plus les citrons que vous avez pressés ou à moitié utilisés ! Lorsque vous ne vous servez que d'une partie du fruit, pensez à conserver le reste au congélateur ou à le recycler pour un autre usage. Voici quelques idées pour ne plus gâcher :

• Si vous ne devez utiliser que quelques gouttes de citron pour une recette, faites un petit trou dans le fruit à l'aide d'une allumette ou d'un cure-dents afin d'en extraire le jus dont vous avez besoin et rebouchez ensuite ce trou à l'aide du même cure-dents en attendant la prochaine utilisation. Ainsi, le citron vous donnera tout son jus sans ses pépins et il ne s'abîmera pas.

• N'hésitez pas à sucer ou à manger la chair restante du citron une fois pressé.

• Mettez ce qui reste du citron au frais : il se conservera plus longtemps et désodorisera votre réfrigérateur au passage.

• Confisez-le (voir la recette des citrons confits p. 173 et 174) pour le manger tel quel ou l'incorporer dans un plat ou un dessert.

• Utilisez-le dans une pâtisserie.

• Faites-en des confitures (voir la recette de la confiture au citron, p. 178).

• Récupérez le zeste (râpé ou juste découpé) et mettez-le dans une petite boîte au congélateur.

Vous en aurez ainsi toujours sous la main pour vos gâteaux, osso-buco, et autres préparations culinaires.

• Congelez son jus dans des bacs à glaçons pour un usage futur.

• Utilisez-le comme nettoyant ménager, désodorisant, insecticide, cosmétique, remède de santé…

Le citron, l'essayer c'est l'adopter !
Bientôt, comme moi, vous ne pourrez
plus vous en passer !

CHAPITRE 3

Le citron maison : « Une maison toute propre grâce au citron »

Briquez votre maison, du sol au plafond, grâce au citron ! Voici quatre raisons de l'adopter pour l'entretien de la maison :

• *Antiseptique et antibactérien :* il désinfecte mieux que tout autre produit trouvé dans le commerce.

• *Pratique, c'est un tout-en-un :* il nettoie, dégraisse, détartre, détache, fait briller et désodorise en un seul geste.

• *Écologique :* il ne fait aucun mal à la planète contrairement à la plupart des produits du commerce, toxiques pour l'environnement.

• *Économique :* parce qu'il faut bien compter ses sous quand même !

Nettoyant universel

Le citron permet de nettoyer et de récupérer de nombreux matériaux. Un petit coup de jus de citron et ils sont comme neufs!

Acier

Pour nettoyer vos couteaux en acier ou en inox, plongez-les dans 1 volume de jus de citron pour 5 volumes d'eau. Frottez-les avec de la laine d'acier pour leur redonner tout leur éclat.

Aluminium

Pour nettoyer et raviver les objets en aluminium sales et ternes, frottez-les avec une éponge imbibée de jus de citron.

Argenterie

Pour que vos couverts retrouvent leur éclat originel, faites-les tremper dans du jus de citron, rincez-les à l'eau chaude, et séchez-les avec une peau de chamois pour les faire briller.

Bijoux en argent

Bagues, boucles d'oreilles, bracelets, colliers, médailles... tous les bijoux en argent ont tendance à noircir et à perdre de leur éclat. Pour en finir avec les traces noires, nettoyez-les avec le jus d'un citron. Rincez ensuite abondamment à l'eau chaude et séchez-les avec une peau de chamois. Ils retrouveront ainsi toute leur splendeur.

Bijoux fantaisie

33

Si vos bijoux fantaisie laissent de vilaines traces de vert-de-gris sur la peau, nettoyez-les avec du jus de citron, puis passez du vernis incolore sur la partie qui déteint.

Bronze

Nettoyez vos objets en bronze avec un chiffon imbibé de jus de citron, puis passez-les à l'eau tiède avant de les sécher avec un chiffon sec.

Calcaire

(Voir « Détartrant multi-usages », p. 37.)

Carrelage

Pour nettoyer les joints entre les carreaux de carrelage, éliminer saletés et moisissures, mélangez du bicarbonate de soude et du jus de citron à portions égales. Vous obtiendrez ainsi une sorte de pâte à appliquer entre chaque interstice. Laissez agir quelques minutes, puis frottez avec une vieille brosse à dents avant de rincer abondamment. Vos joints seront comme neufs!

Cirage séché

Votre boîte de cirage n'a pas servi depuis longtemps et son contenu est tout sec? Donnez-lui une seconde vie en y ajoutant quelques gouttes de jus de citron chaud. Ainsi réhydraté, vous pourrez de nouveau l'étaler sur les chaussures.

Compost

Ne jetez plus les écorces de citrons pressés! Enfouissez-les plutôt dans la terre de votre jardin ou de votre potager, elles feront un très bon engrais. Surtout si vous les découpez en petits morceaux au préalable, elles se décomposeront encore plus vite. En plus, elles éloignent les limaces.

Cuir

Nettoyez et ravivez objets de maroquinerie et mobilier en cuir avec un mélange de blanc d'œuf monté en neige et de jus de citron. Puis frottez les taches avec de la glycérine. Enfin, enduisez le cuir de lait hydratant, de lait démaquillant ou de lait pour bébé afin de le nourrir et le protéger. Pensez à entretenir de la sorte régulièrement tous vos effets en cuir (attachés-cases, sacs, chaussures, bottes, ceintures) ainsi que le canapé du salon. Vous les garderez beaux très longtemps.

35

Cuivre

• *Pour nettoyer les cuivres très sales*, recouvrez-les de gros sel puis frottez-les avec un citron tranché en deux.

• *Pour raviver les cuivres ternes*, un simple citron peut très bien faire l'affaire : frottez-en le métal puis passez un chiffon de laine pour lui donner plus de brillance.

Décoration

• *Les rondelles de citron séchées* peuvent faire office de décoration de table, de guirlande de Noël ou de pot-pourri (voir p. 62). Pour les faire sécher, il suffit de les laisser sur un radiateur ou au soleil durant 4 à 5 jours. Une méthode plus rapide : enfournez-les à four très doux (90 °C, th. 3) pendant 12 heures. Prenez soin de vérifier qu'elles ne brûlent pas et retournez-les de temps en temps. Quand elles sont craquantes, elles sont prêtes. Une fois séchées, elles se conserveront très longtemps.

• *Citrons de Noël* : piquez les citrons entiers de clous de girofle. L'essence ainsi extraite embaumera votre table.

Dégraissant multi-usages

Pour enlever toutes les taches de gras sur le sol, les plaques électriques, le plan de travail et même les ustensiles culinaires, frottez les zones concernées avec le dos d'une éponge imbibée de jus de citron pur. Ils brilleront bientôt de propreté.

Désinfectant de l'air ambiant

Diffusez un mélange à base d'huile essentielle de citron, aux propriétés germicides, dans les chambres des malades ou les endroits où il y a eu risque de contamination par les microbes (voir « Assainissant d'atmosphère », p. 58).

Désinfectant multi-usages

Versez du jus de citron directement sur votre éponge humide, saupoudrez de quelques pincées de sel et frottez avant de rincer abondamment. Vous pouvez désinfecter ainsi toutes les surfaces que vous souhaitez.

37

Détartrant multi-usages

Pensez au jus de citron pour détartrer n'importe quel endroit ou outil dans la cuisine, la salle de bains et le reste de la maison : robinets, tuyauteries, bouilloires, appareils chauffants, chauffe-biberons, machines à laver… Le citron enlève même les traces de calcaire sur les parois en plastique. Passez une éponge imbibée de quelques gouttes de citron ou frottez directement un demi-citron usagé sur les parties entartrées, puis rincez.

Émail

Pour rajeunir l'émail de votre lavabo ou de votre baignoire, frottez-les avec du jus de citron après les avoir bien nettoyés. Ils retrouveront tout leur éclat.

Éponges

Pour désinfecter vos éponges, véritables foyers à bactéries et à mauvaises odeurs, laissez-les tremper 24 heures dans de l'eau chaude citronnée. Vous les retrouverez le lendemain comme neuves.

Fer à repasser

Pour à la fois nettoyer et détartrer votre fer à repasser, recouvrez la chair d'une moitié de citron avec du sel fin et frottez la semelle du fer à repasser avec. Rincez rapidement avec une éponge humectée d'eau et séchez avec un chiffon doux.

Four micro-ondes

Pour nettoyer rapidement l'intérieur d'un micro-ondes et le
désodoriser en même temps, il
suffit d'y chauffer de l'eau avec

le jus d'un citron dans une tasse pendant 1 à
2 minutes. La vapeur d'eau ainsi dégagée com-
mencera le décrassage. Il ne vous restera plus
qu'à passer un petit coup d'éponge sur les parois
intérieures. Voilà! Vous avez un four tout propre
et qui sent bon!

39

Fourmis

Pour éloigner les fourmis ou éviter qu'elles ne
rentrent dans votre maison, placez vos pelures
de citrons aux endroits stratégiques : sur leur
passage, devant la porte et la fenêtre. L'huile
essentielle de citron contenue dans l'écorce possède un effet répulsif. Vous éviterez ainsi d'utiliser d'autres produits moins respectueux de
la nature et de vos poumons.

   Vous pouvez aussi arroser leur chemin
avec du jus de citron. Celui-ci va alors
détruire leur «piste» de phéromones (odeurs
repères). Elles ne retrouveront donc plus leur
chemin.

Frigo

(Voir « Moisissures », p. 42.)

Insecticide

Voici votre nouveau répulsif 100 % naturel, économique et écologique contre tous les insectes : le CITRON.

Il suffit de placer des petites rondelles de citron sur les endroits de passage des insectes, ou de verser quelques gouttes de jus de citron là où vous en voyez. Les intrus se sentiront très malvenus et partiront d'eux-mêmes.

Pour les insectes volatiles, percez les rondelles de citron et glissez-y une cordelette pour les accrocher en hauteur.

Ivoire

Pour blanchir les ivoires et les objets en os, frottez-les avec un citron coupé en deux plongé dans du sel fin. Offrez-leur régulièrement ce soin et vous constaterez qu'ils ne terniront plus.

Laiton

Préparez un mélange à parts égales de sel et de citron et frottez le laiton avec la pâte obtenue. Si la saleté résiste, ajoutez du bicarbonate au mélange.

Lavabo, baignoire

Frottez les lavabos entartrés avec des rondelles de citron salées. Vous verrez par la même occasion disparaître les traces de coulures de calcaire le long des parois de la baignoire.

Liquide vaisselle

Dans un flacon de 500 ml, versez 1 cuillère à café de bicarbonate de soude, 1 cuillère à soupe de vinaigre blanc, 100 ml de liquide vaisselle écologique, 15 à 20 gouttes d'huile essentielle de citron, remplissez d'eau et agitez.

41

Le citron, excellent dégraissant et détartrant, vous laissera une vaisselle éclatante de brillance.

Marbre

De vilaines traces de thé et de café ornent votre table en marbre ? Frottez-les à l'aide d'une éponge imbibée de sel et de jus de citron. Passez ensuite un chiffon doux imprégné de glycérine ou d'huile de lin (vous en trouverez en droguerie). Attention, rincez rapidement et abondamment le marbre car l'acidité du citron risquerait de le faire blanchir si vous le laissiez agir trop longtemps.

Métal (taches d'œuf)

Quelques gouttes de jus de citron suffisent pour faire disparaître les taches d'œuf sur du métal.

Mobilier en paille

Pour dépoussiérer, détacher et raviver la couleur de votre mobilier en paille, sortez vos chaises, fauteuils et autres paniers en osier dans le jardin (ça, c'est pour éviter de devoir changer la moquette), munissez-vous d'une brosse et plongez-la dans du jus de citron. Il n'y a plus qu'à frotter en reprenant régulièrement du jus de citron, puis rincer.

Moisissures

Antifongique, le citron combat la formation de moisissures. D'où l'intérêt de l'utiliser pour désinfecter votre réfrigérateur, par exemple. Nettoyez-le tous les 15 jours à l'aide d'une éponge imprégnée de jus de citron. Il se montrera redoutable avec les champignons microscopiques qui s'y développent et contaminent les aliments.

Mosaïque ternie

Si vous n'avez obtenu aucun résultat avec les produits habituels, essayez ceci : frottez avec

½ citron, puis rincez à l'eau froide et laissez sécher.

Nettoyant multi-usages

Fabriquez votre nettoyant ménager à la fois désinfectant, détartrant, dégraissant et désodorisant pour toute la maison. Mélangez ½ tasse de savon de Marseille pur et ¼ de tasse de jus de citron dans 4 litres d'eau chaude.

Vous pouvez rajouter à ce mélange 3 gouttes d'huile essentielle de citron pour en faire un récurant 100 % purifiant auquel aucun microbe ne pourra résister.

Pare-brise

Pour éviter les insectes collés sur le pare-brise, coupez un citron en deux et frottez-en la vitre juste avant de prendre la route.

Piano

Pour redonner toute leur blancheur aux touches en ivoire jaunies d'un vieux piano, prenez du jus de citron mélangé à de la sciure de bois sur un chiffon et passez soigneu-

sement cette mixture en évitant d'en répandre entre les touches. Laissez sécher et frottez pour enlever toute trace, puis faites briller avec un chiffon de laine.

½ citron saupoudré de sel fin fait également parfaitement l'affaire.

Plancher/Parquet

Mélangez ⅛ᵉ de tasse de paraffine fondue au bain-marie à 1 litre d'eau et 10 gouttes de jus de citron. Appliquez avec un chiffon, laissez sécher puis polissez le parquet.

Puces de chiens et chats

Pour lutter contre les puces de vos chères petites bêtes, nettoyez votre animal avec un shampooing au citron confectionné par vos soins : mélangez 20 gouttes d'huile essentielle de citron à une base lavante neutre et shampooinez l'animal avec. Cela n'irrite pas sa peau et n'abîme pas son pelage. Les puces meurent instantanément. Vous les retrouverez donc mortes dans le fond de la baignoire en rinçant. Deux shampooings sur 3 jours sont nécessaires pour en venir totalement à bout. Depuis que je leur administre ce traitement, mes chats sont complètement débarrassés de ces méchantes bébêtes !

Rotin

Diluez 2 cuillères à soupe de jus de citron dans 1 litre d'eau et nettoyez le rotin avec un chiffon imbibé de ce mélange. Prévoyez quelque chose pour protéger le sol ou sortez faire ces ablutions dans le jardin.

Rouille

Le citron est l'arme antirouille absolue. Pour éliminer une tache de rouille sur le carrelage de votre cuisine ou de votre terrasse, recouvrez-la de gros sel et de jus de citron. Laissez agir pendant une bonne heure, frottez puis rincez. Si la tache persiste, renouvelez l'opération.

Tache de thé/café

Vous êtes un gros consommateur de thé ou de café, et vous n'arrivez pas à enlever les traces de tanin sur votre tasse, votre plateau ou votre table? Imbibez la tache d'un jaune d'œuf dilué dans un peu d'eau tiède. Puis passez ½ citron dessus. Et enfin, frottez avec la partie grattante de votre éponge. Rincez. Mission accomplie!

Tartre

(Voir « Détartrant multi-usages », p. 37.)

Toilettes

Pour désinfecter efficacement vos toilettes, mélangez 40 gouttes d'huile essentielle de citron, de lemon-grass et de pin sylvestre.

Dans un pulvérisateur, versez 1 cuillère à café de cette formule désinfectante et 2 cuillères à soupe de vodka ou d'eau-de-vie, puis ajoutez 1 verre d'eau.

Vous pouvez vaporiser ce mélange ou en verser 10 gouttes dans la cuvette après l'avoir nettoyée.

Vaisselle

Dans votre lave-vaisselle, remplacez le liquide de rinçage par du jus de citron et vous obtiendrez des couverts et des verres éclatants. L'acidité du citron combat le calcaire qui les ternit au fur et à mesure des lavages.

Vitres

Les produits pour laver les vitres coûtent cher et sont peu écologiques. Confectionnez-en vous-même en mélangeant quelques gouttes d'huile essentielle de citron à 10 % d'alcool à brûler et 90 % d'eau déminéralisée (par exemple de l'eau de pluie filtrée) dans un spray. Pour les carreaux très sales, rajoutez un peu de liquide vaisselle. Et voilà des vitres transparentes, sans aucune trace.

47

Entretien du linge/taches

Le citron fait disparaître un grand nombre de taches. Pour venir efficacement à bout d'une salissure, il convient d'agir au plus vite en passant le textile sous l'eau froide et en savonnant. Mais cela ne suffit pas toujours. Voici des trucs et astuces efficaces pour éliminer les traces les plus rebelles.

Dans tous les cas, un essai préalable sur une partie non visible est conseillé pour les textiles délicats.

Blanchir le linge

Pour redonner toute sa blancheur originelle à votre linge blanc devenu jaunâtre ou grisâtre, oubliez l'eau de Javel souvent désastreuse. Avec le jus de citron, vous êtes sûr de ne pas avoir de mauvaises surprises.

• *Lavage à la main :* ajoutez le jus de 2 citrons à 1 litre d'eau bouillante et laissez tremper.

• *Lavage en machine :* découpez un citron en rondelles que vous enfermerez dans un petit sac à sous-vêtements dans le tambour.

• *Pour raviver la blancheur de votre linge en coton blanc,* faites-le bouillir pendant 10 minutes dans une casserole avec de l'eau, du savon de Marseille et une rondelle de citron avant de le mettre en machine.

Brûlure de fer à repasser

Pour savoir si votre vêtement est récupérable une fois la bêtise commise, imbibez la marque de brûlure de jus de citron, laissez agir 10 bonnes minutes, rincez à l'eau chaude, puis faites sécher au soleil. Le citron et le soleil conjuguent leur pouvoir éclaircissant.

Chaussettes en coton

Pour garder vos chaussettes en coton bien blanches, laissez-les régulièrement tremper dans un bain d'eau chaude (pas bouillante si vous tenez à vos élastiques) additionnée d'un jus de citron.

Dentelles

Un petit truc pour éviter que les dentelles jaunissent : après les avoir lavées, ajoutez un jus de citron à la dernière eau de rinçage et laissez-les tremper quelques minutes.

49

Désinfecter le linge (antimicrobes, antimycoses…)

Pour éviter tout risque infectieux ou contagieux par la literie, préparez un désinfectant avec 2 ml d'huile essentielle de citron et 1 ml d'huile essentielle de pin sylvestre, et utilisez comme suit :

- *Prélavage :* faites tremper le linge de lit et les pyjamas dans de l'eau tiède avec 10 gouttes de ce mélange.
- *Lavage :* ajoutez 4 à 5 gouttes de ce désinfectant dans la dernière eau de rinçage de votre machine à laver. Dans le cas d'un lavage à la main, utilisez seulement 2 gouttes du produit.
- *Séchage :* versez 2 à 3 gouttes du désinfectant sur un mouchoir que vous glisserez dans le sèche-linge.
- *Repassage :* versez 2 gouttes du désinfectant dans un vaporisateur rempli de 30 cl d'eau. Faites un test préalable sur l'envers d'un ourlet.

Moisissures

Vous avez trié consciencieusement vos vêtements d'hiver et les avez relégués à la cave pour l'année prochaine… Quand vous les ressortez, ils sont couverts de moisissures ? Préparez une pâte avec 1 cuillère à soupe d'amidon en poudre, 1 cuillère à soupe de savon râpé, ½ cuillère à soupe de gros sel et le jus de 1 citron. Mélangez soigneusement puis étalez cette pâte sur les taches de moisi. Laissez sécher jusqu'au lendemain, puis rincez abondamment.

Pour les couleurs et le linge délicat, versez simplement du jus de citron pur dessus, et laissez agir un moment. Les propriétés antifongiques et germicides du citron sont redoutables contre tous les champignons.

Tache autour du col

Pour mettre un terme aux cols et poignets qui noircissent, tamponnez ces zones à problèmes avec un linge imbibé d'un mélange à parts égales de liquide vaisselle, d'ammoniaque, de jus de citron et d'eau. Frottez avec une vieille brosse à dents. Rincez. Séchez. Vous serez étonné du résultat !

Tache de beurre ou de gras

Plongez votre linge souillé dans un bain d'eau chaude additionnée de jus de citron (comptez 1 volume de jus de citron pour 5 volumes d'eau).

Sur le coton ou la soie, on obtient aussi de très bons résultats en versant directement sur les zones tachées du jus de citron chauffé. Une fois le tissu bien imbibé, frottez, lavez, puis rincez. Ra-di-cal!

Tache de boue

Tout d'abord, laissez sécher la boue. Une fois bien sèche, une grande partie s'éliminera facilement d'un simple brossage. Il ne reste plus qu'à nettoyer les traces restantes à l'eau savonneuse additionnée de jus de citron. Prévoyez 1 volume de jus de citron pour 2 volumes d'eau savonneuse. Frottez doucement. Rincez. Le résultat est impeccable.

Tache de cambouis

Pour enlever une tache de graisse de chaîne de vélo sur un vêtement blanc, placez un citron coupé en deux sous le tissu et passez le fer à repasser par-dessus. À chaque passage, appuyez bien sur le fer à repasser pour presser le demi-citron placé sous le vêtement. La tache partira d'elle-même.

Tache d'encre

Si vous avez fait une tache d'encre sur votre beau chemisier blanc, pas de panique : une seule goutte de citron peut la faire disparaître presque instantanément.

• *Si la tache est encore fraîche,* saupoudrez immédiatement de gros sel et arrosez-la de jus de citron pur.

• *Si la tache a eu le temps de sécher* et est déjà incrustée, faites tremper le vêtement dans de l'eau citronnée ou appliquez du jus de citron pur directement dessus.

L'encre des amoureux

Le citron peut servir d'encre invisible. Il suffit d'écrire avec son jus en guise d'encre. En séchant, elle devient invisible. Le destinataire verra apparaître les mots comme par magie s'il fait chauffer la feuille au-dessus d'une chandelle (pas trop près quand même !).

Tache de feutre

Dès que possible, essayez d'absorber le maximum d'encre en tamponnant la partie tachée à l'aide de papier essuie-tout. Puis, imbibez la trace avec du jus de citron et du sel fin, et laissez agir quelques minutes. Enfin, frottez avec le citron que vous avez pressé et lavez votre linge normalement.

54

Tache de fruits rouges

Les ménagères éliminent depuis longtemps les traces de fruits ou de légumes sur les doigts ou les textiles avec du jus de citron.

• *Pour les taches toutes fraîches :* imbibez de jus de citron les projections de myrtilles, mûres, cerises, fraises ou framboises, et laissez agir quelques minutes avant de bien rincer, puis de laver.

• *Pour les taches incrustées :* laissez tremper le linge taché toute la nuit dans du babeurre (petit-lait) additionné d'un peu de jus de citron, rincez bien, puis effectuez ensuite le lavage en machine.

Tache de goudron

Retirez le maximum avec une spatule ou une cuillère (si nécessaire, ramollir les taches avec un corps gras), imbibez de jus de citron, saupoudrez de terre de Sommières, puis brossez ou aspirez.

Sur les synthétiques, on peut tamponner la souillure avec un chiffon imbibé soit d'eau citronnée, soit de jus de citron et d'un peu d'huile de tournesol. Rincez. Séchez.

Tache d'herbe

• *Sur les taches récentes*, frottez un citron coupé en deux, imprégnez-les de jus, laissez sécher et lavez comme à l'accoutumée.

• *Sur les taches plus anciennes*, laissez agir le jus de citron pur ou dilué dans de l'eau très chaude jusqu'à disparition complète, puis rincez à l'eau tiède.

Tache d'humidité

On fait disparaître ces taches en les frottant avec une pâte composée de 30 g de savon blanc râpé, 30 g d'amidon, 15 g de sel fin et le jus d'un citron.

Tache de jus de fruits

Lavez le tissu taché à l'eau tiède légèrement citronnée, recouvrez-le de gros sel, laissez agir 30 minutes, rincez bien et faites blanchir au soleil.

Tache d'œuf

La tache sera facile à éliminer si vous agissez immédiatement, c'est-à-dire si l'œuf n'a pas le temps de sécher.

- *Dès le désastre arrivé*, trempez votre linge dans de l'eau froide, et ajoutez quelques gouttes de jus de citron. Laissez agir. En moins de 5 minutes, la tache aura complètement disparu.
- *Si la tache est plus ancienne*, frottez-la avec un mélange d'eau additionnée de sel ou de cristaux de soude et de jus de citron, puis lavez à l'eau tiède savonneuse.

Tache de rouille

Pour enlever une tache de rouille sur un textile, imbibez-la de jus de citron et de gros sel, laissez agir plusieurs heures puis frottez à l'aide d'un citron coupé en deux. Rincez, puis laissez sécher le linge au soleil. La tache disparaîtra au bout de quelques heures.

Tache de sang

La procédure est la même que pour la tache d'œuf; l'essentiel étant d'agir immédiatement, avant que le sang ne sèche.

Tache de stylo à bille

Sur les textiles blancs, appliquez du jus de citron pur chaud puis rincez bien. Les taches disparaissent comme par magie!

Tache de transpiration

Même sur vos vêtements les plus fragiles, quelques gouttes de jus de citron peuvent suffire à venir à bout de ces auréoles particulièrement inesthétiques. Imbibez les taches de jus de citron et laissez agir toute une nuit avant de rincer. Ou faites tremper le vêtement taché dans un bain composé à moitié d'eau et de jus de citron.

Si le déodorant a formé une espèce de croûte, il faut la retirer en appliquant du papier absorbant sur l'emmanchure puis en passant un fer chaud dessus. Le papier devrait tout absorber. Il ne restera plus qu'à faire disparaître les taches jaunes de transpiration en les tamponnant avec un chiffon imbibé de jus de citron. Laissez sécher, puis lavez comme d'habitude.

Tache de vin rouge

Les taches de vin rouge sont par-fois très tenaces. Avant le lavage, saupoudrez de sel, puis frottez avec du savon de Marseille et du jus de citron pur. Rincez avec un fort jet d'eau presque bouillante.

58

Citron désodorisant

L'huile essentielle de citron est un excellent anti-odeur. Elle absorbe toutes les mauvaises odeurs tout en dégageant un délicat parfum de frais et de propre. Faites du citron votre nouveau déso-dorisant maison écolo.

Assainissant d'atmosphère

L'huile essentielle de citron assainit l'atmos-phère. N'hésitez pas à en diffuser le plus sou-vent possible dans votre maison pour purifier l'air ambiant.

Vous pouvez en verser quelques gouttes dans un diffuseur, sur une soucoupe au-dessus d'un radiateur, ou directement sur les ampoules éteintes. Lorsque vous les allumerez, un parfum de citron se répandra dans toute la pièce et embaumera l'atmosphère tout en le purifiant.

Dans la cheminée

Pour parfumer le salon d'une agréable odeur fraîche et pétillante, jetez les peaux de citron dans le feu de cheminée.

Désodorisant de cuisine « Fraîcheur citronnée »

59

- *Pour dire adieu aux mauvaises odeurs* dans la cuisine, disposez des pelures de citron dans le four chaud après avoir cuisiné. Laissez-les jusqu'à ce qu'il refroidisse. La chaleur du four répandra leur parfum dans toute la pièce.
- *Vous pouvez aussi faire bouillir quelques rondelles* de citron dans une casserole d'eau. Les odeurs désagréables disparaîtront.
- *Versez quelques gouttes de jus de citron* sur une éponge pour nettoyer le plan de travail.
- *En prévention des mauvaises odeurs de cuisine,* mélangez dans un flacon : 1 cuillère à café d'huile essentielle de citron, ½ cuillère à café d'huile essentielle de pamplemousse, ½ cuillère à café d'huile essentielle de bergamote et 25 gouttes d'huile essentielle de santal. Diffusez quelques gouttes de ce mélange 10 minutes avant la cuisson.

Désodorisant ustensiles

Une goutte de jus de citron désodorise tout objet ayant été en contact avec le poisson, l'ail ou tout autre aliment à forte odeur. Frottez les ustensiles qui ont servi à leur préparation avec la chair de ½ citron.

Désodorisant pour toilettes

Pour désodoriser vos toilettes ou votre salle de bains, versez 2 à 3 gouttes d'huile essentielle de citron sur une pierre poreuse (ramassée sur la plage, par exemple). Elle embaumera votre pièce d'une odeur fraîche et citronnée qui tiendra une bonne semaine. Rajoutez simplement quelques gouttes d'huile essentielle de citron la semaine suivante sur la pierre pour la « recharger » en odeur.

Désodorisant four

Après avoir cuisiné un plat de poisson, le four reste souvent imprégné de son odeur… Pour l'ôter, épluchez un citron et faites chauffer les épluchures pendant quelques minutes à four très chaud. L'odeur fraîche et saine du citron se répandra dans l'appareil et annulera l'odeur de poisson.

Désodorisant réfrigérateur

Plus la peine de conserver vos fromages ou melons hors du réfrigérateur : pour neutraliser les mauvaises odeurs, placez ½ citron dans la porte de votre frigo. Il absorbera toutes les odeurs.

Désodorisant lave-vaisselle

Le lave-vaisselle dégage parfois des odeurs nauséabondes. Pour y remédier, placez-y des écorces de citron lorsqu'il ne tourne pas. Elles le parfumeront de manière très agréable.

Carole, 40 ans
« Petite fée du logis »

« Finies les mauvaises odeurs depuis que je laisse une gaze imprégnée d'huile essentielle de citron en permanence dans mon lave-vaisselle lorsqu'il ne tourne pas ! »

Pot-pourri agrumé

Pour confectionner un pot-pourri à base d'agrumes séchés, placez des rondelles de citron et d'orange déshydratées dans un panier et parfumez-les régulièrement avec quelques gouttes d'huile essentielle de citron. (Pour faire sécher des rondelles de citron, voir « Décoration » p. 36.)

62

Expressions citronnées

Comme beaucoup de fruits et légumes, le citron a donné lieu à de nombreuses expressions très souvent utilisées dans la langue populaire. Leur signification ne manque pas de piquant !

Presser quelqu'un comme un citron : l'exploiter complètement, le faire suer sang et eau, en extraire le maximum sans se préoccuper du reste, tout comme l'écorce du citron est impitoyablement jetée une fois que le jus en est extrait.

En baver des ronds de citron : être dans une situation très pénible.

Se magner le citron : se dépêcher.

Ne rien avoir dans le citron : ne pas réfléchir avant d'agir. Le citron désigne ici familièrement la tête.

Se presser le citron : réfléchir intensément, se triturer les méninges. C'est de son propre cerveau que l'on essaie de tirer la moindre idée.

CHAPITRE 4

Le citron beauté : « Plus beau/belle grâce au citron »

Les vertus cosmétiques du citron ne datent pas d'hier. Pendant des siècles les coquettes l'ont utilisé pour éclaircir leur teint, atténuer rides, taches et rougeurs, raffermir leur peau, adoucir leurs mains, renforcer leurs ongles et faire briller leur chevelure. En effet, le citron recèle de principes actifs intéressants pour prendre soin de votre beauté. C'est pourquoi il entre dans la formulation de produits de beauté de grandes marques, vendus à des prix exorbitants. Voici des secrets de beauté au citron pour confectionner vous-même vos cosmétiques maison et vous pomponner de la tête aux pieds. Garantis sans parabènes !

Soins du visage

Purifiant, astringent, antiseptique, éclaircissant, tonifiant, cicatrisant et adoucissant, le citron a plus d'un tour dans son zeste pour embellir votre peau.

Acné/peau grasse

Le citron est particulièrement intéressant pour lutter contre les problèmes d'acné. Son acidité assainit la peau et ses propriétés bactéricides et antiseptiques permettent de combattre les boutons d'acné et les points noirs.

Trois raisons d'adopter le citron comme nouvelle arme antiboutons :

• *Antiseptique*, il désinfecte les vilains boutons et évite qu'ils ne s'enflamment davantage.

• *Astringent*, il resserre les pores de la peau et régule la sécrétion de sébum.

• *Cicatrisant*, il efface plus rapidement les marques laissées par les boutons d'acné.

Un remède de grand-mère qui a fait ses preuves contre l'acné consiste à suivre une cure de lait caillé au citron en traitement de fond. Pour faire du lait caillé, pressez le jus de 1 citron dans ½ litre de lait en mélangeant avec une cuillère en bois jusqu'à ce que le lait prenne un aspect granuleux. Laissez reposer ½ heure. Sucrez éventuellement avec du miel de fleurs d'agrumes ou d'acacia, et absorbez cette potion magique à température ambiante ou tiède en 2 fois chaque jour, par exemple ¼ de litre à 11 heures et ¼ de litre à 16 heures. Poursuivez le traitement pendant encore 1 mois après que l'acné a disparu.

Voici votre nouvelle gamme de soins spéciale «peaux jeunes à problèmes» :

1. Le démaquillant

Le démaquillage est essentiel pour laisser la peau bien respirer et se régénérer pendant la nuit. Préparez un mélange à volume égal de jus de citron et d'eau de rose puis passez cette lotion à l'aide d'un coton matin et soir pour garder une peau nette.

2. Le tonique au citron

Après avoir bien démaquillé votre peau (le coton doit être impeccablement blanc), passez un nouveau coton imprégné de jus de citron sur le visage et le cou afin d'éliminer tout résidu de démaquillant et resserrer les pores.

3. La lotion antiacnéique et matifiante pour peaux grasses

Appliquez des compresses imbibées de jus de citron et d'eau tiède sur les zones acnéiques et les parties de votre visage qui ont tendance à briller. La chaleur ouvrira vos pores et permettra au citron d'agir plus en profondeur. Laissez sécher quelques minutes avant d'appliquer votre crème hydratante.

66

4. Le stick asséchant au citron

• Pour désinfecter et faire disparaître plus rapidement boutons, comédons, kystes ou furoncles, badigeonnez-les d'huile essentielle de citron à l'aide d'un coton-tige. Renouvelez plusieurs fois par jour jusqu'à complète disparition.

• Appliquez ½ citron sur le bouton pendant quelques minutes. Le bouton séchera presque instantanément.

Valérie, 16 ans
« Magique ! »

« C'est vrai que le citron fait des miracles. Passer un jus de citron sur les boutons d'acné les fait disparaître en une nuit. Pratique la veille d'une fête ou d'un rendez-vous galant ! »

Autobronzant au citron

Naturel, efficace et à moindre coût, cet auto-bronzant vous donnera un joli teint doré. Faites bouillir ½ litre d'eau puis laissez-y infuser 3 sachets de thé nature pendant ¼ d'heure. Laissez refroidir. Ajoutez ensuite le jus de ½ citron. Utilisez cette lotion au thé après votre toilette du soir.

Baume spécial lèvres gercées

67

Faites fondre au bain-marie 15 g de cire d'abeille ou de beurre de karité dans 10 ml d'huile d'amande douce ou de jojoba, et ajoutez 1 goutte d'huile essentielle de citron. Mélangez puis, une fois tiède, versez dans un petit pot. Appliquez sur les lèvres le plus souvent possible.

Bonne mine

Pour avoir un teint éclatant, buvez chaque matin pendant 3 semaines un verre d'eau tiède additionnée de jus de citron. En purifiant le foie, le citron influe sur le teint. En une semaine, celui-ci devient plus clair, plus lumineux.

Couperose

Pour atténuer les marbrures disgracieuses installées sur les pommettes et les ailes du nez, massez chaque soir en douceur votre visage avec une préparation composée de 10 cl d'huile d'amande douce, 50 gouttes d'huile essentielle de citron, 30 gouttes d'huile essentielle d'ylang-ylang et 20 gouttes d'huile essentielle de géranium rosat.

68

Démaquillant + tonique

Confectionnez vous-même votre lotion démaquillante : versez dans un flacon 1 volume de jus de citron, 1 volume de vaseline et 1 volume d'huile d'amande douce. Mélangez soigneusement pour obtenir une préparation homogène. Appliquez-la sur le visage à l'aide d'un coton jusqu'à ce que celui-ci soit parfaitement blanc. Puis passez votre tonique.

En guise de tonique, appliquez un coton imbibé de jus de citron. Il débarrassera votre peau du reste de lait démaquillant et resserrera vos pores.

Furoncles

• *Pour ramollir un furoncle*, posez directement la chair d'un citron dessus et laissez-le en place durant 8 à 10 minutes. Il sera moins douloureux.

• *Si vous souhaitez le faire mûrir plus vite*, appliquez des compresses d'eau chaude imbibées de jus de citron. Lorsqu'il sera bien mûr, vous pourrez alors le percer avant d'appliquer du jus de citron pur pour le désinfecter.

69

Maquillage

Votre maquillage a tendance à virer dès qu'il fait un peu chaud ou que vous vous activez ? Le matin, avant de vous maquiller, une fois votre peau bien nettoyée, passez un coton imbibé de jus de citron sur votre visage, en insistant sur la zone T (nez et front). Son effet astringent évitera à votre peau de briller dans la journée. Votre maquillage, lui, restera bien en place et tiendra plus longtemps.

Rides

Le citron, par sa forte concentration en vitamine C, est un puissant antioxydant. Il lutte activement contre les radicaux libres responsables du vieillissement cutané. C'est pourquoi il existe de très nombreuses crèmes antirides à la vitamine C.

Préparation à utiliser matin et soir. Placez 2 tranches de citron dans un bol en bois. Recouvrez d'un mélange à parts égales de crème fraîche et de lait préalablement chauffés dans une casserole. Couvrez et laissez reposer pendant 3 heures. Puis appliquez sur le visage en massant et laissez sécher 30 minutes. Rincez à l'aide d'un gant de toilette mouillé. Renouvelez l'application plusieurs fois par semaine pendant plusieurs semaines. Si la peau est grasse, utilisez 4 tranches de citron, si la peau est très sèche, utilisez 1 seule tranche de citron, et doublez la quantité de crème-lait.

Rouge à lèvres

Pour un rouge à lèvres naturel, qui ne bave pas et n'a fait subir aucun test aux animaux, frottez délicatement vos lèvres contre une rondelle de citron. Le citron, en activant la circulation sanguine, les rendra bien rouges.

Taches brunes

Pour éclaircir des taches brunes, mélangez 50 gouttes d'huile essentielle de citron à 50 cl d'huile végétale de rose musquée, et massez les parties tachées (mains, visage…) avec un coton imprégné de ce mélange. Attention, utilisez ce soin uniquement le soir car l'huile essentielle de citron est très photosensibilisante et pourrait vous laisser des marques indélébiles au soleil.

71

Taches cutanées séniles

Les taches qui apparaissent sur la peau des personnes âgées sont dues à une augmentation de la mélanine. Un bon moyen de s'en débarrasser, vous l'aurez deviné, c'est encore le jus de citron. En effet, il contient des alpha-hydroxyacides (les fameux AHA), qui ont la propriété d'accélérer le renouvellement des cellules.

Au moment de vous coucher, imbibez un coton de jus de citron et humectez les zones de peau à traiter. Il se peut que vous ressentiez un petit picotement dû à l'acide citrique, mais cet effet disparaît en quelques minutes. Si vous ne constatez aucun signe d'irritation après 2 semaines, effectuez le traitement 2 fois par jour. Vos taches s'atténueront progressivement. En prime, les AHA réduisent aussi les rides.

Taches de rousseur

Si vous voulez atténuer et même faire disparaître des taches de rousseur, appliquez tous les jours sur votre visage du jus de citron légèrement salé.

Teint diaphane

Voici une recette de grand-mère pour blanchir votre peau et avoir le teint diaphane : passez du jus de citron à l'aide d'un coton sur votre visage. Le citron éclaircit et unifie le teint.

Nettoyage de peau citron malin

Étape 1 : Bain de vapeur

Pour faire la chasse aux points noirs et avoir un teint lumineux, rien de tel qu'un sauna facial maison au citron. La vapeur permet d'ouvrir les pores de la peau et de la nettoyer en profondeur.

Faites bouillir ½ litre d'eau dans une grande casserole. Ajoutez 10 gouttes d'huile essentielle de citron et 3 cuillères à soupe d'huile d'amande douce. Placez le visage démaquillé au-dessus des vapeurs dégagées par l'infusion pendant 10 minutes, tête recouverte d'une serviette. Fermez les yeux car l'huile essentielle de citron peut être un peu irritante. Séchez ensuite délicatement la peau en tamponnant à l'aide d'une serviette douce.

Étape 2 : Extraction des points noirs

Vous pouvez alors procéder à l'extraction des points noirs en les pressant délicatement entre deux doigts entourés d'un mouchoir en papier. Comme chez l'esthéticienne ! Ils partiront très facilement et vous n'aurez pas à redouter qu'ils se transforment en gros boutons rouges, car la fumigation au citron aura désinfecté votre peau. Profitez que vos pores soient encore bien ouverts et propres pour enchaîner sur un gommage ou un masque. Leurs principes actifs seront d'autant plus efficaces qu'ils pourront pénétrer en profondeur.

73

Étape 3 : Gommage

Pour préparer votre peau à tirer le bénéfice maximum d'un masque de beauté, effectuez un gommage juste avant de l'appliquer. Dans un bol, mélangez du sel fin de Guérande (ou du sucre) à du jus de citron et appliquez cette mixture sur le visage en effectuant des mouvements circulaires pendant quelques minutes. Rincez à l'eau claire. La peau ainsi dégagée de toutes ses impuretés absorbera mieux tous les principes actifs des ingrédients composant le masque. Et votre teint sera d'autant plus lumineux. Si vous ne faites pas de masque juste après votre gommage, n'oubliez pas d'appliquer une crème hydratante sur votre visage, car le peeling, en retirant la couche de protection de votre épiderme, rend votre peau plus sensible et vulnérable.

→

Étape 4 : Masque

10 masques de beauté citron malin

100 % naturels, 100 % efficaces 100 % maison !

De manière générale, vous pouvez mélanger à votre masque habituel (à l'argile ou autre) le jus de ¼ de citron ou 2 gouttes d'huile essentielle de citron pour encore plus d'efficacité. Choisissez votre masque en fonction de votre type de peau.

1. Masque hydratant pour peaux normales à grasses

Pour réhydrater une peau sèche, ternie et lui faire retrouver tout son éclat, préparez un masque à base de fromage blanc battu. Dans un grand bol, mélangez 3 cuillères à soupe de fromage blanc battu avec 2 cuillères à soupe de miel. Ajoutez quelques gouttes de jus de citron et mélangez le tout. Appliquez cette préparation sur votre visage et votre cou et laissez agir pendant 20 minutes. Rincez à l'eau et séchez soigneusement.

2. Masque hydratant pour peaux normales à sèches

Le citron convient aussi aux peaux sèches car il nourrit l'épiderme. Sa pulpe possède des propriétés hydratantes, cicatrisantes, adoucissantes et même antirides. Mélangez la chair de ½ avocat à 1 cuillère à soupe de jus de citron. Ajoutez 2 cuillères à soupe de crème fraîche. Appliquez ce masque sur le visage et le cou pendant 20 minutes. Rincez. Attention, cette préparation ne peut être conservée. Utilisez-la juste après la fabrication.

74

3. Masque apaisant pour peaux sensibles

Appliquez sur votre visage un yaourt au lait entier dans lequel vous aurez préalablement ajouté 10 gouttes de jus de citron ou 1 goutte d'huile essentielle de citron. Laissez poser 7 à 10 minutes, puis aspergez le visage d'eau fraîche. Excellent quand votre peau est irritée, recommandé spécialement en cas de coups de soleil.

4. Masque purifiant et reminéralisant

L'argile verte est particulièrement recommandée pour réguler les peaux à tendance grasse en plus d'apporter tous les minéraux nécessaires. Le citron, quant à lui, antiseptique et bactéricide, purifie la peau et combat les petits boutons. Pour préparer un masque maison, délayez dans un bol 4 cuillères à soupe d'argile verte en poudre dans du jus de citron en quantité suffisante pour obtenir une pâte moyennement épaisse. Appliquez sur le visage préalablement nettoyé et essuyé, et laissez agir pendant ¼ d'heure. Rincez à l'eau tiède additionnée de jus de citron avant que le masque ne sèche complètement. Appliquez ce masque deux fois par semaine sur tout le visage en évitant le contour des yeux.

5. Masque antirides

Efficace, ce masque permet à la peau relâchée du visage de retrouver toute sa tonicité. Mélangez dans un bol 3 cuillères à soupe de miel avec quelques gouttes de jus de citron. Évitez de lécher ! Appliquez plutôt cette préparation sur votre visage et votre cou et laissez agir pendant ½ heure. Rincez à l'eau claire.

→

6. Le 2 en 1 masque et gommage peau nette

Pour les pressées du citron, voici un masque 2 en 1 bien pratique pour éclaircir le teint et lutter contre les points noirs en deux temps trois mouvements.

Commencez par bien nettoyer le visage avec un produit doux, séchez sans frotter, puis appliquez une couche de miel additionné de jus de citron. Laissez agir pendant 10 minutes, quitte à rajouter du miel ou du citron à mi-parcours, en fonction de la tolérance de votre peau (le citron pique, le miel soulage).

Terminez par un gommage en ajoutant un peu de sucre au masque citron-miel (à renouveler selon le type de peau 1 fois par semaine ou toutes les 2 semaines). Du bout des doigts, massez l'ensemble du visage par des petits mouvements circulaires. Rincez à l'eau tiède puis hydratez.

7. Masque pour peaux mixtes

Mélangez 1 jaune d'œuf à 2 cuillères à café de miel et 1 cuillère à café de jus de citron. Appliquez ce masque sur votre visage et laissez agir ¼ d'heure avant de rincer à l'eau tiède puis d'appliquer votre tonique.

8. Masque astringent

Pour resserrer les pores très dilatés, battez 1 blanc d'œuf en neige, ajoutez 20 gouttes de jus de citron et mélangez doucement pour ne pas faire retomber les blancs. Appliquez sur le visage en évitant le contour des yeux. Dès que le masque est sec, enlevez-le avec un coton imbibé de jus de citron.

9. Masque désinfectant pour peaux à tendance acnéique

Mélangez 2 cuillères à soupe d'argile, le jus de ½ citron, 2 gouttes d'huile essentielle de menthe poivrée et 1 goutte d'huile essentielle d'arbre à thé. Mélangez bien et appliquez en masque sur la zone en T (nez et front) en évitant le contour des yeux. Laissez agir environ 10 minutes avant de rincer à l'eau tiède.

10. Masque rééquilibrant pour peaux grasses

Une solution naturelle et simple pour favoriser la disparition des vilains boutons rouges sur le visage et traiter les peaux acnéiques : un masque à la carotte et au citron. Pressez le jus de 1 citron et mixez 1 carotte. Mélangez le tout. Puis découpez un morceau de gaze selon la forme de votre visage en faisant des trous pour les yeux et la bouche. (Non, ce n'est pas un déguisement d'Halloween !) Appliquez la préparation sur votre visage puis posez la gaze afin que celle-ci retienne bien le masque. Laissez poser 20 minutes et rincez avec votre tonique habituel ou un coton imbibé de jus de citron.

Soins du corps

Bain de fraîcheur vivifiant

Inspirée d'un bain traditionnel thaïlandais, cette recette est un véritable coup de fouet pour le corps et pour l'esprit.

Ingrédients :

1 collant
¼ de tasse d'écorces de citrons verts
¼ de tasse de poudre de gingembre
8 gouttes d'huile essentielle de citron
8 gouttes d'huile essentielle de romarin à cinéole
10 ml de base pour bain (afin de diluer les HE dans l'eau du bain)

Mode d'emploi :

1. Broyez les écorces de citrons verts. Mélangez-les avec la poudre de gingembre et glissez le tout dans le collant bien fermé.

2. Immergez le filet dans l'eau chaude de votre bain et laissez infuser 10 minutes.

3. Mélangez les huiles essentielles avec la base pour bain et versez le mélange obtenu dans la baignoire.

4. Plongez dans ce bain pas trop chaud (37 °C) et restez-y 20 minutes.

5. Terminez par une douche fraîche.

Vous en ressortirez tout revigoré. Séchez-vous énergiquement et hop ! vous êtes en forme pour toute la matinée.

Bain revigorant

Si vous êtes fatigué, mélangez 10 gouttes d'huile essentielle de citron et 5 gouttes d'huile essentielle de lavande à une base neutre pour bain (produit disponible en pharmacie ou dans certaines boutiques spécialisées dans le bien-être ou l'aromathérapie), qui permet de solubiliser les huiles essentielles dans l'eau. Laissez le mélange se disperser dans l'eau du bain et restez-y 20 minutes. Sortez sans vous rincer et étendez-vous au chaud.

Cellulite

(Voir les 4 lotions anticellulite à réaliser soi-même, p. 105.)

Gel-douche « Fraîcheur tonifiante »

Versez quelques gouttes d'huile essentielle de citron dans votre gel-douche habituel et secouez jusqu'à ce que le mélange devienne bien homogène. Lavez-vous avec comme d'habitude. Et vous voilà tout fringant pour la journée !

Gel-douche stimulant

Ajoutez 8 gouttes d'huile essentielle de citron et 1 goutte d'huile essentielle de menthe poivrée à votre gel-douche habituel pour un cocktail explosif de tonus et de vitalité. Les messieurs adorent!

Gommage corps

Il est nécessaire d'exfolier sa peau régulièrement pour l'aider à éliminer peaux mortes, saletés incrustées et même éviter que les poils ne repoussent sous la peau une fois affaiblis par l'épilation (poils incarnés). Pour ce faire, mélangez du sel fin dans du jus de citron jusqu'à obtenir une sorte de pâte à appliquer sur la peau en effectuant de petits mouvements circulaires. En plus, cela rend la peau douce.

Huile de massage décontractante

Mélangez quelques gouttes d'huile essentielle de lavande à 20 cl d'huile d'olive, puis ajoutez le jus de ½ citron. Prenez le temps d'effectuer un long massage dans une atmosphère sereine et tamisée, pour une profonde relaxation mentale et physique.

Peau rugueuse

Vous avez les coudes, les genoux ou les talons râpeux ? Coupez un citron en deux et frottez-le sur les parties rêches pendant quelques minutes, tous les jours après la douche. Grâce à ses propriétés adoucissantes, le citron vous laissera une peau douce comme de la soie.

Transpiration

Vous êtes à court de déodorant ? Pas de panique ! Pour éviter les odeurs de transpiration sous les bras, frottez ½ citron à même la peau. Cette technique marche aussi pour les pieds… À bon marcheur, salut !

Vergetures

Une perte de kilos s'accompagne généralement de l'apparition de vergetures. La peau, tendue lors d'une grossesse ou d'une prise de poids, a craqué. Une fois les kilos envolés, des vergetures, véritables cicatrices, vestiges de la prise de « volume », apparaissent.

• *Pour prévenir la formation de vergetures*, appliquez en massage sur le ventre, les seins et les cuisses la préparation suivante : mélangez 10 gouttes d'huile essentielle de citron dans 25 ml d'huile d'avocat. La peau ainsi nourrie sera plus élastique et ne craquera pas. Aucune vergeture à prévoir !

• *Si le mal est déjà fait* : massez les parties concernées avec un mélange d'huile essentielle de citron et d'huile de rose musquée. Mais c'est moins efficace que la prévention. Et surtout, faites preuve de patience. Plusieurs semaines voire mois de soins sont nécessaires.

Soins des cheveux

Des cheveux brillants

Voici une astuce toute simple et peu onéreuse pour avoir des cheveux d'un brillant éclatant. Il suffit de terminer vos shampooings par un rinçage à l'eau citronnée. Pressez 2 citrons dans 1 litre d'eau tiède ou froide et versez sur les cheveux pour un maximum de brillance et refermer les écailles. Utilisez cette préparation comme eau de dernier rinçage après avoir effectué votre shampooing habituel. Le citron élimine tout ce qui ternit les cheveux (restes de démêlant, calcaire…) pour qu'ils retrouvent tout leur éclat.

Masque cheveux secs

Les shampooings successifs, le calcaire de l'eau et la pollution dessèchent les cheveux. Offrez-leur un bain de douceur de temps en temps (une fois par semaine serait l'idéal s'ils sont très abîmés). Mélangez la chair de ½ avocat à quelques gouttes d'huile d'olive et 1 cuillère à soupe de jus de citron. Appliquez sur l'ensemble de la chevelure et laissez poser ½ heure avant le shampooing. Vos cheveux retrouveront ainsi densité, douceur et brillance.

Masque fortifiant aux œufs

Si vos cheveux sont tout flagada, qu'ils manquent de peps, préparez un petit cocktail maison : mélangez 1 jaune d'œuf à 2 cuillères à soupe d'huile d'olive et 2 cuillères à soupe de jus de citron. Si vous en avez sous la main, n'hésitez pas à ajouter 1 cuillère à soupe de rhum : il coupe l'odeur de l'œuf et est aussi très revigorant pour les cheveux.

Appliquez cette préparation sur le cuir chevelu et les cheveux en massant délicatement. Laissez agir quelques minutes et rincez abondamment. Exit les cheveux ternes et fatigués ! Votre chevelure retrouvera tout son éclat et sa vitalité.

Masque anti-cheveux gras/ antipelliculaire

Une astuce simple et très économique! Il suffit de mélanger un yaourt à quelques gouttes d'huile essentielle de citron et d'appliquer cette préparation sur l'ensemble de votre chevelure.

Laissez agir une dizaine de minutes puis rincez. Ce masque, qui permet de lutter contre l'excès de sébum, aide votre cuir chevelu à retrouver son équilibre.

C'est aussi un excellent moyen de lutter contre les pellicules.

Shampoing nourrissant «à l'ancienne»

Confectionnez vous-même votre propre shampooing : râpez finement du pur savon de Marseille afin d'obtenir la valeur de 2 cuillères à soupe de copeaux. Versez ces copeaux dans un bol contenant 1 cuillère à soupe d'huile d'olive, puis mélangez avec 1 jaune d'œuf et le jus de 1 citron.

Appliquez ce mélange sur les cheveux et le cuir chevelu mouillés en massant bien. Laissez agir 15 minutes avant de rincer. Renouvelez ce shampooing dès que vous trouvez vos cheveux secs et ternes.

Shampoing pour cheveux gras

Ajoutez quelques gouttes d'huile essentielle de citron à votre shampooing habituel. Cela devrait vous permettre d'espacer de quelques jours vos shampooings.

Soin éclaircissant

Pour éclaircir les cheveux châtains à blonds ou rendre plus éclatant un blond devenu terne, versez du jus de citron dilué dans un peu d'eau sur vos cheveux et allez vous exposer au soleil un moment. L'acide du citron étant très photosensibilisant, il décolore les cheveux au soleil. De grandes marques de soins pour les cheveux blonds utilisent déjà le principe actif du citron dans leurs formules.

Attention en revanche aux cheveux bruns : si vous adoptez la même technique vous pourriez bien vous retrouver roux poil-de-carotte !

Soins des dents

Des dents étincelantes de blancheur

• *Dents blanches minute :* pour avoir des dents étincelantes de blancheur en un clin d'œil, frottez-les avec ¼ de citron. Vous allez voir comme elles brillent !

• *Dents blanches au quotidien :* vous pouvez aussi les brosser deux fois par semaine avec du jus de citron frais non dilué (pas plus souvent car l'acide du citron risquerait d'abîmer l'émail de vos dents). Profitez-en pour brosser doucement vos gencives : elles rougissent (avec le contraste, les dents paraissent encore plus blanches) et elles adorent la vitamine C qui les renforce. Avec cette technique, alliez donc dents blanches et gencives saines.

• *Cure spéciale dents blanches :* vous pouvez suivre le « traitement » suivant pendant 1 semaine. Dans une petite bouteille, mélangez 75 g de bicarbonate au jus de ½ citron. Chaque matin après le dentifrice, mettez un peu de ce mélange sur votre brosse à dents et brossez comme d'habitude. Non seulement cette solution rend les dents blanches, mais elle permet aussi de réduire le tartre et laisse une haleine fraîche.

Gencives sensibles

Si vous avez les gencives sensibles, qui ont même tendance à saigner lorsque vous vous brossez les dents, diluez 5 à 10 gouttes d'huile essentielle de citron dans 1 cuillère à café d'huile d'olive et massez délicatement du bout du doigt.

Soins des mains

Crevasses aux mains

Les crevasses aux mains sont souvent douloureuses et difficiles à soigner. Voici une préparation qui vous aidera à retrouver des mains douces.

Dans un bol, versez 2 cuillères à soupe d'huile d'olive, 2 d'argile en poudre et 1 de jus de citron. Mélangez et appliquez cette pâte sur les crevasses. Laissez reposer pendant environ ½ heure puis rincez à l'eau.

Appliquée une fois par semaine, cette préparation aidera vos mains à affronter les rigueurs de l'hiver.

Doigts jaunis par la cigarette

Pour faire disparaître les traces jaunâtres laissées par la nicotine, il suffit de frotter vos doigts avec un peu de jus de citron.

Mains fripées

Si vous avez passé trop de temps les mains dans l'eau et qu'elles en ressortent toutes fripées, massez-les avec du jus de citron.

Mauvaises odeurs persistantes sur les mains

Pour ôter les mauvaises odeurs de poisson, d'ail ou d'oignon qui persistent sur vos mains après avoir cuisiné, frottez-les avec la chair de ½ citron, puis passez-les sous l'eau froide (l'eau chaude fixe les odeurs).

Savon pour les mains

Dans un bocal où vous aurez versé des bouts de savon, ajoutez le jus de 1 citron et remplissez le bocal d'eau bouillante. Mélangez, puis ajoutez 5 ml de glycérine (en pharmacie). Utilisez ce mélange pour vous laver les mains.

Des mains toutes douces

Une astuce efficace et économique pour avoir des mains douces : mélangez 1 cuillère à café de jus de citron à 1 cuillère à café d'huile d'olive. Ajoutez 2 cuillères à café de miel et 1 jaune d'œuf. Mélangez jusqu'à obtenir une pâte homogène puis appliquez cette préparation sur vos mains et laissez agir pendant 20 minutes. Rincez abondamment à l'eau savonneuse et savourez la douceur retrouvée de vos mains.

89

Vous pouvez également mélanger à parts égales du jus de citron, de la glycérine et de l'eau de Cologne. Le citron blanchit, adoucit et satine la peau.

En hiver, si vous avez la peau des mains un peu sèche, massez-les avec un mélange de 10 gouttes d'huile essentielle de citron dans 1 cuillère à soupe d'huile d'amande douce.

Soins des ongles

Ongles fragiles et cassants

• *Pour revivifier des ongles cassants*, plongez-les chaque jour dans du jus de citron ou enfoncez vos ongles directement dans ½ citron pendant environ 10 minutes. Faites une cure sur une durée de 10 à 15 jours.

• *Pour éviter que vos ongles se strient et se dédoublent*, offrez-leur chaque jour un bain d'huile d'olive tiède pendant 5 à 10 minutes, puis frottez-les avec du jus de citron avant de les masser soigneusement. Ils retrouveront peu à peu force et brillance.

• *Pour retrouver des ongles durs et résistants*, mélangez 1 ml d'huile essentielle de citron à 5 ml d'huile de ricin et massez énergiquement les ongles avec 10 gouttes du mélange.

Des ongles tout blancs

Pour blanchir vos ongles, offrez-vous une manucure express… sans aucun ustensile : frottez ¼ de citron sous les ongles. En quelques secondes, ils sont plus beaux, bien propres et, au fil du temps, ils deviendront de plus en plus solides.

Soins des pieds

Ampoules

• *Si vous savez le matin que vous allez beaucoup marcher* ou que vous allez porter des chaussures qui vont font mal aux pieds, frottez vos pieds et l'intérieur de vos chaussures avec le jus de ½ citron. Vous éviterez ainsi les ampoules dues à des frottements répétés.

• *Si vous êtes sujet aux ampoules*, il faut tanner la peau, c'est-à-dire l'endurcir, la rendre plus épaisse. Mélangez du jus de citron et du camphre, et badigeonnez cette préparation sur vos pieds. Pensez à les hydrater avec une crème juste après ce soin.

• *Si vous souhaitez percer une ampoule*, stérilisez d'abord une aiguille sous la flamme d'un briquet, puis percez-la avec avant de désinfecter avec du jus de citron.

Corne aux pieds

Pour enlever la corne qui se forme sous les pieds, au niveau du talon notamment, prenez un bon bain chaud afin de ramollir la peau. Frottez les parties dures et épaisses avec une pierre ponce puis ½ citron. Massez-vous ensuite avec une crème hydratante pour les pieds ou de l'huile d'amande douce pour bien assouplir.

Cors et durillons

Écrasez 6 comprimés d'aspirine effervescente dans 15 ml d'eau et 15 ml de jus de citron. Appliquez la pâte ainsi obtenue sur les cors et les durillons, et recouvrez le pied d'un sac plastique ou de film étirable. Puis emballez le tout dans une serviette chaude. La chaleur du plastique et de la serviette aidera les actifs de la pâte à pénétrer dans la peau durcie. Laissez agir pendant 15 minutes avant de retirer le cataplasme. Frottez ensuite les durillons avec une pierre ponce : toute la peau morte et calleuse devrait se détacher facilement.

Transpiration excessive

Quoi de plus désagréable que des pieds qui transpirent abondamment et sont par conséquent source de mauvaises odeurs... Pour y remédier une solution simple et peu onéreuse : il suffit de faire infuser 2 sachets de thé dans 2 litres d'eau auxquels vous ajouterez le jus de 2 citrons. Laissez refroidir puis prenez un bain de pieds dans cette préparation pendant 15 à 30 minutes. Séchez ensuite soigneusement vos pieds. Répétez cette opération 3 ou 4 jours de suite. Effet garanti !

Le thé, grâce à sa composition riche en tanins, permet, avec le citron, de réguler et de ralentir la transpiration.

CHAPITRE 5

Les vertus minceur du citron

Avec ses 19 calories aux 100 grammes et ses propriétés détoxifiantes et digestives, le citron est un précieux allié des régimes amincissants. Puissant nettoyeur au pouvoir dépuratif remarquable, il stimule le système digestif, favorise le transit intestinal, brûle les graisses, coupe la faim et «dissout» graisses et sucres. Tout ça en même temps! Pas étonnant que les stars hollywoodiennes ne jurent que par lui pour garder la ligne!

En période de régime, le citron est à consommer tout au long de la journée et sans modération. C'est peut-être le seul aliment dont vous pouvez, et dont vous devez même abuser. Alors profitez-en et allez-y à fond : invitez le citron à votre table et mettez-en dans tous vos plats.

Voici 6 raisons d'intégrer le citron à votre régime amincissant :

1. Pour détoxifier l'organisme

Pour purifier votre organisme, encrassé sous l'effet du stress, de la pollution, de l'inactivité physique et des excès alimentaires, pensez au citron, c'est le roi de la détox! En nettoyant le système digestif, il va permettre à l'organisme de se détoxifier. Par ses propriétés détoxifiantes et diurétiques, il favorise l'élimination des toxines et de l'eau stagnant dans les cellules graisseuses (rétention d'eau). Pour stimuler l'activité rénale et aider les reins à évacuer les déchets de votre organisme, buvez 8 à 10 verres par jour (soit 1 litre) de notre «cocktail minceur malin».

Le cocktail minceur malin

Buvez chaque matin un verre de jus de citron pressé dilué dans un peu d'eau chaude, à jeun, 30 minutes avant le petit déjeuner. Cela doit devenir une habitude si vous souhaitez voir votre silhouette s'affiner. Après le court jeûne nocturne, rien de tel qu'un petit jus de citron pour détoxifier l'organisme. Amusez-vous à imaginer toutes les variantes possibles :

pur ou dilué dans un verre d'eau froide ou chaude, ou bien un thé, et pourquoi pas dans un jus d'orange? Tonique, stimulant et dynamisant grâce à sa forte teneur en vitamine C, le citron va mettre le feu aux poudres à votre métabolisme. Vous brûlerez donc plus de calories à chaque moment de la journée, au repos comme à l'effort. Puis pensez à boire tout au long de la journée pour aider votre organisme à évacuer les toxines prêtes à l'être. Le citron aromatisera agréablement votre eau : facile d'avaler votre litre par jour! Au café, commandez un Perrier rondelle plutôt qu'une bière ou un chocolat viennois. Votre balance vous le rendra au centuple. Et faites une cure de jus de citron progressive (voir recette, p. 125).

97

Les célèbres régimes à base de citron

Plébiscités par les stars et les magazines féminins, les régimes à base de citron ont le vent en poupe. Il faut bien distinguer **le régime citron** de **la diète au citron**. Bien que les deux méthodes reposent sur une détoxification de l'organisme, le régime citron consiste à associer tous les bienfaits amaigrissants, détoxifiants et curatifs du citron à une alimentation saine, équilibrée et variée tandis que la diète citron prévoit un jeûne où seule une boisson à base de citron est autorisée.

→

Le régime citron est un régime détoxifiant qui promet de perdre 3 kg en 1 semaine, jouant à la fois sur la ligne, l'éclat du teint et le tonus. En préconisant une alimentation légère mais équilibrée à base de produits sains à effet dépuratif et de citron à tous les repas, ce régime favorise la détoxification de l'organisme.

La diète citron. Plus radicale, la célèbre cure de détoxification appelée « Master cleanse » ou « Lemon cleanse » en anglais consiste en un jeûne de 1 à 10 jours sous forme de diète liquide, la « Master cleanse lemonade ». Elle promet une perte de poids de 5 kg en 6 jours ! Normal, aucun aliment ne doit être ingéré pendant la cure à l'exception de cette fameuse boisson détoxifiante. Si vous souhaitez suivre cette diète plus de 24 heures, consultez votre médecin au préalable, c'est important.

Recette de la « Master cleanse lemonade »

Mélangez dans 1,5 litre d'eau chaude, 10 cuillères à soupe de jus de citron bio fraîchement pressé, la même dose de sirop d'érable et ½ pincée de poivre de Cayenne.

Buvez cette potion magique dans la journée, dès que vous avez faim ou soif.

Ces trois ingrédients facilitent le travail d'élimination des toxines : *le sirop d'érable* aide au processus de détoxification en fournissant les éléments nutritifs nécessaires au rinçage efficace des déchets ; *le poivre de Cayenne* accélère le métabolisme, favorisant ainsi la circulation et l'élimination des toxines ;

le citron facilite le processus de nettoyage, agissant comme un détergent interne pour dissoudre les graisses en excès.

À la fin de la cure, non seulement vos kilos se seront envolés, mais vous constaterez aussi plus de tonus, un esprit plus clair, une pensée plus positive, une plus grande détermination, une meilleure concentration, une grande sensation de paix intérieure, une meilleure digestion et une peau bien plus belle.

99

2. Pour reminéraliser

Les minéraux sont essentiels à la santé mais aussi à la perte de poids car, sans eux, les fonctions métaboliques et le système d'épuration tournent au ralenti. Lors des petits coups de pompe de 11 heures et 16 heures, plutôt que de vous goinfrer pour retrouver votre énergie, buvez un grand verre d'eau additionnée de jus de citron. Le citron regorge de minéraux et d'oligo-éléments qui viennent combler les carences en période de régime.

3. Pour brûler les graisses

Le citron est un brûle-graisses naturel. La vitamine C figure parmi les nutriments les plus efficaces pour brûler les graisses et perdre du poids car elle accélère le métabolisme, stabilise le taux de sucre dans le sang et freine le stockage des sucres sous forme de graisses.

Pour retrouver une taille de guêpe, arrosez tous vos plats de jus de citron et faites de notre *Citronnade maligne* (⅓ de jus de citron pour ⅔ d'eau) une boisson quotidienne. N'hésitez pas à boire aussi le jus d'un citron fraîchement pressé pur, non dilué dans l'eau, où la vitamine C est totalement intacte.

4. Pour modérer l'appétit

• *Le citron est un coupe-faim naturel.* Il renferme de la pectine, une fibre qui gonfle au contact de l'eau dans l'estomac pour former un gel à l'effet rassasiant et prévenir ainsi les fringales. En outre, la pectine ralentit l'absorption des sucres. Elle procure ainsi une sensation de satiété pouvant durer jusqu'à 4 heures. Si vous voulez profiter pleinement de la pectine, mangez de la pulpe de citron, car c'est dans la pulpe et le ziste qu'elle se cache.

• *Prenez l'habitude de boire un grand verre d'eau* fraîche additionnée de jus de citron avant chaque repas pour modérer votre appétit. Cela vous évitera de vous resservir plusieurs fois du même plat.

• *Si vous avez une fringale*, respirez de l'huile essentielle de citron. Votre crise de boulimie disparaîtra comme par magie.

5. Pour favoriser la digestion

• Le citron est un excellent *dépuratif hépatique*. Absorbé au lever sous forme de jus pur pressé chaud ou, plus doux, dilué dans un peu d'eau chaude, il active la sécrétion de bile, nettoie le foie, et le prépare à digérer les aliments à venir. Si vous suivez ce rituel chaque matin à jeun, vous verrez très vite votre teint s'éclaircir, signe que votre foie se purifie lui aussi.

• Le citron prête main-forte à l'estomac en raison de sa teneur en *acide citrique* qui stimule la sécrétion de sucs stomacaux chargés de digérer les protéines alimentaires. Quelques gouttes de citron sur vos viandes, œufs et légumes secs permettent ainsi d'en faciliter la digestion, pour le plus grand bonheur de votre santé et de votre ligne!

• Ses fibres favorisent le *transit intestinal*, d'où une meilleure élimination des déchets. Si vous êtes constipé et que vous vous sentez ballonné, vous pouvez compter sur le citron.

• Pour contrer les méfaits des aliments trop sucrés et trop gras qui entravent la digestion, surchargent le foie, encrassent l'organisme et l'empêchent de brûler les graisses, arrosez vos plats de jus de citron, incorporez jus et zestes à votre cuisine et agrémentez vos plats de quelques rondelles de citron. Découvrez le plaisir de les suçoter à la fin du repas pour vous rincer la bouche.

6. Pour éliminer sucres et graisses

Pour réduire les effets d'un repas trop copieux sur la silhouette, buvez une citronnade (voir recette p. 26) après le repas. Grâce à une combinaison gagnante de nutriments essentiels, le citron possède ce formidable pouvoir de dissoudre et d'éliminer graisses et sucres. Il limite donc directement les dégâts du dernier repas. En outre, il favorise une diffusion progressive du sucre dans le sang. Or, la stabilité du taux de sucre sanguin est capitale pour perdre du poids car une glycémie trop basse ou, au contraire, trop élevée, favorise les compulsions alimentaires et le stockage des graisses. Votre premier réflexe doit donc être d'arroser systématiquement vos plats de 1 à 2 cuillères à café de jus de citron. En plus, lorsque le citron accompagne un plat, il fait baisser la densité calorique de l'assiette, apaise plus rapidement la faim et régule l'appétit.

Bain détoxifiant

Lorsque vous en ressentez le besoin ainsi que les soirs de pleine lune et à chaque changement de saison, prenez un bain très chaud additionné du jus de 2 ou 3 citrons et de leurs écorces pour vous détoxifier. Restez-y 20 bonnes minutes pour laisser le temps aux principes actifs du citron de pénétrer dans le sang à travers la peau.

Boisson minceur détoxifiante

Dans un verre de jus de concombre, ajoutez 1 cuillère à soupe de jus de citron vert et 1 cuillère à café de miel. Buvez plusieurs verres au cours de la journée.

Friandise minceur

Sur ¼ de sucre, versez 1 goutte d'huile essentielle de citron et 1 de genévrier. À prendre plutôt le matin ou avant 16 heures, car c'est un mélange un peu dynamisant. Une petite douceur qui vous permettra de refréner vos ardeurs au moment des fringales et des collations.

Huile essentielle minceur

Pour faciliter la perte de poids, préparez un mélange avec 10 ml d'huile essentielle de citron, 3 ml d'huile essentielle de genévrier et 3 ml d'huile essentielle de sauge. Absorbez 2 gouttes de cette formule aux repas dans 1 cuillère à soupe d'huile d'olive, à incorporer à votre vinaigrette.

Tisane minceur (infusion de citron et de fleurs de camomille)

Le soir, versez 1 grande tasse d'eau bouillante sur 2 têtes de camomille (environ 5 g) et 1 citron coupé en rondelles. Laissez macérer toute la nuit dans un récipient bien fermé. Au matin, filtrez, buvez l'infusion à jeun, et regardez les kilos s'envoler peu à peu !

Pour lutter contre la cellulite

La citronnade matinale sur un estomac vide, 30 minutes avant le petit déjeuner, est un remède contre la rétention d'eau. Diurétique, le citron fait « dégonfler » comme nul autre.

4 lotions anticellulite au citron

100 % naturelles, 100 % efficaces, 100 % maison

1. Lotion à la caféine. De nombreuses crèmes amincissantes renferment de la caféine qui aide à déstocker les graisses et à raffermir l'épiderme. Potentialisez ces effets grâce au citron. Pour vous concocter une lotion anticellulite maison, préparez un café très fort, versez-en 50 cl dans une bouteille et ajoutez le jus de 1 citron. Fermez la bouteille, secouez-la et laissez reposer 24 heures. Utilisez cette préparation en massage (ventre, cuisses, fesses). Conservez au réfrigérateur, pas plus d'une semaine.

2. Huile après la douche. Chaque jour après la douche ou le bain, étalez sur vos cuisses et les autres zones à problème un mélange d'huile d'olive additionnée de jus de citron et massez fermement les zones concernées jusqu'à complète pénétration de l'huile.

3. Formule express à l'huile essentielle de citron. L'huile essentielle de citron renforce les tissus affaiblis, touchés par la cellulite. Matin et soir, massez les parties concernées avec un mélange de quelques gouttes d'huile essentielle de citron et de 1 cuillère à soupe d'huile de jojoba.

4. Formule aroma-massage complète. Dans un flacon de 100 ml, versez 94 ml d'huile d'argan, ajoutez 1 ml d'huile essentielle d'hélichryse, 2 ml d'huile essentielle de genévrier et 3 ml d'huile essentielle de citron. Pour bénéficier au maximum

→

de ses principes actifs, appliquez cette huile sur les zones cellulitiques juste avant de passer sous la douche : la chaleur de l'eau permettra au citron de pénétrer dans la circulation sanguine pour agir plus en profondeur sur la cellulite. Une fois sous la douche, continuez à masser les endroits concernés avec cette huile en faisant rouler la peau, même si c'est douloureux, afin d'activer la circulation.

CHAPITRE 6

Le citron santé : « En bonne santé grâce au citron »

Le citron sans parcimonie, c'est la santé sans pharmacie.

Riche en vitamine C, le citron permet de braver l'hiver sans médicaments tant il est efficace contre les maladies hivernales. Mais connaissez-vous ses autres vertus thérapeutiques ? Grâce à ses précieux principes actifs, il renforce les défenses immunitaires (indispensables pour prévenir les maladies), favorise la digestion, stimule la circulation, apporte tonus et vitalité, reminéralise et lutte contre l'anémie, pour ne citer que quelques-uns de ses innombrables pouvoirs curatifs. Ses qualités antiseptiques en font également un puissant désinfectant. En application locale ou en usage interne sous forme de citronnade, le citron peut vous aider à soulager un grand nombre de petits maux quotidiens et remplace à lui tout seul la panoplie complète de la trousse à pharmacie.

Acidité gastrique

Ce n'est pas parce que le citron est acide au goût qu'il est aussi acide pour l'estomac et qu'il faut donc l'éviter lorsque l'on est sujet aux aigreurs gastriques. Au contraire, le citron protège la muqueuse de l'estomac et stimule l'action du foie et du pancréas. Il aide ainsi à réduire les ulcères et les problèmes d'acidité gastrique.

Si vous souffrez d'aigreurs ou de brûlures d'estomac, buvez une infusion de citron et de camomille à la fin de chaque repas. Pour préparer 1 litre d'infusion, mettez 2 citrons coupés en tranches, écorce comprise, avec 40 g de camomille séchée dans 1 litre d'eau bouillante et laissez infuser 15 à 20 minutes puis filtrez. Si vous sucrez, pensez au miel d'acacia qui contribue lui aussi à améliorer la digestion.

Si vous ressentez des brûlures d'estomac après avoir consommé un citron, c'est le signe que votre alimentation est trop riche en féculents (pâtes, pain blanc, riz blanc), sucres et alcool.

Le citron ne devrait d'ailleurs être consommé qu'après leur complète élimination.

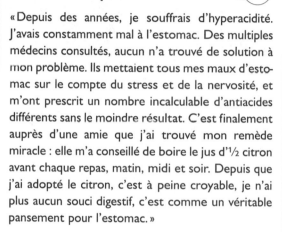

Christine, 37 ans
«Mon citron pansement»

«Depuis des années, je souffrais d'hyperacidité. J'avais constamment mal à l'estomac. Des multiples médecins consultés, aucun n'a trouvé de solution à mon problème. Ils mettaient tous mes maux d'estomac sur le compte du stress et de la nervosité, et m'ont prescrit un nombre incalculable d'antiacides différents sans le moindre résultat. C'est finalement auprès d'une amie que j'ai trouvé mon remède miracle : elle m'a conseillé de boire le jus d'½ citron avant chaque repas, matin, midi et soir. Depuis que j'ai adopté le citron, c'est à peine croyable, je n'ai plus aucun souci digestif, c'est comme un véritable pansement pour l'estomac.»

109

Action alcalinisante du citron/
Équilibre acido-basique

Notre alimentation moderne, à base de produits transformés souvent trop riches en protéines, sucres et graisses, a tendance à acidifier notre organisme avec pour effet ultime de le déminéraliser. Il doit alors compenser en puisant dans ses réserves de minéraux, notamment dans le squelette. Résultat : des os affaiblis et un risque augmenté d'ostéoporose à la ménopause. Or, contrairement à ce que son goût acide pourrait laisser croire, le citron n'est pas acidifiant mais alcalinisant pour l'organisme. Il vient donc compenser l'excès d'aliments acidifiants (produits transformés, viandes, poissons, céréales) pour rétablir l'équilibre acido-basique de notre corps tout en le reminéralisant.

Citronnez vos viandes et vos poissons (les protéines, en particulier celles de la viande, sont très acidifiantes pour l'organisme). Il suffit de consommer un petit peu de citron à chaque repas pour retrouver l'équilibre acido-basique.

Rien de tel qu'une cure de jus de citron progressive (voir la recette, p. 125) pour un traitement de fond.

Aérophagie

Dans un flacon de 5 ml, mélangez à parts égales de l'huile essentielle de citron, de menthe poivrée et d'estragon. Absorbez 1 goutte de ce mélange avec 1 cuillère à café de miel ou sur de la mie de pain après chaque repas jusqu'à amélioration des symptômes.

Allergies respiratoires et cutanées

(Voir aussi «Asthme» et «Rhume des foins», p. 114 et 140.)

Grâce à ses flavonoïdes antiallergiques et anti-inflammatoires (notamment la quercétine), le citron peut soulager certaines allergies, en particulier le rhume des foins. Lors des «crises», instillez quelques gouttes de jus de citron directement dans les narines. Reniflez-le fortement pour désenflammer tout le canal ORL.

Angine/Maux de gorge

• *Buvez à la paille cette boisson glacée :* mélangez le jus de 1 citron pressé à ½ verre d'eau et 1 cuillère à soupe de miel. Ajoutez des glaçons.

• *Faites des gargarismes d'eau chaude salée au citron.* Diluez le jus de 1 citron fraîchement pressé dans ½ verre d'eau tiède et ajoutez 1 cuillère à café de gros sel de mer gris. Effectuez des gargarismes de l'arrière-gorge et du pharynx 3 ou 4 fois par jour en faisant durer l'opération suffisamment longtemps pour que le citron agisse. Puis recrachez.

• *Si l'eau salée vous rebute*, pressez le jus de 2 citrons, faites-le chauffer et ajoutez une touche de miel de citronnier ou de lavande. Mélangez le tout jusqu'à brève ébullition, attendez que le mélange refroidisse un peu et faites un gargarisme d'au moins 2 minutes. Puis recrachez.

• *Diluez 5 gouttes d'huile essentielle de citron dans 1 cuillère à café de miel*, ajoutez ½ verre d'eau, mélangez puis utilisez en gargarismes avant de recracher. Les propriétés antiseptiques et anti-inflammatoires du citron désinfecteront votre gorge et éviteront qu'elle ne s'enflamme davantage, tandis que le miel agira comme une sorte de pansement pour adoucir votre gorge et soulager la douleur presque instantanément.

Anémie

La vitamine C augmente de 30 % l'absorption du fer. Invitez le citron à votre table à chaque repas pour profiter au maximum des aliments contenant ce minéral (coquillages, viande rouge, foie, lentilles, œufs, épinards), soit en pressant du jus de citron directement dessus, soit en accompagnant votre repas d'une citronnade.

Aphtes

• *Faites des bains de bouche* plusieurs fois par jour et avant chaque brossage de dents avec le mélange miel + citron suivant : délayez 1 cuillère à café de miel (si possible de lavande ou de fleurs d'agrumes) dans 2 cuillères à soupe d'eau tiède et 1 de jus de citron. Le miel est à la fois antiseptique et cicatrisant, et le citron est un excellent désinfectant. L'association des deux est donc très efficace contre les aphtes et tout autre ulcère buccal (petites coupures, morsures…).

Le miel, excellent cicatrisant

Le miel, en particulier le miel de fleurs de lavande et d'agrumes, est un excellent cicatrisant des muqueuses et contient des principes antiseptiques et antibactériens. Il active l'action bactéricide, astringente et regénérante du jus de citron sur les muqueuses et sur la peau.

• *Versez 5 gouttes d'huile essentielle de citron* dans ½ verre d'eau. Effectuez des bains de bouche 5 fois par jour avec ce mélange, chaque opération devant durer au moins 5 minutes. En complément, appliquez au doigt 1 goutte d'huile essentielle de citron pure sur l'aphte 3 à 5 fois par jour.

Artériosclérose

Pressez le jus de 3 citrons et mélangez-le à ½ verre d'eau minérale. Sucrez avec du miel, qui, tout comme le citron, aide à réguler le niveau de cholestérol sanguin et protège les artères.

Buvez du jus de citron chaque matin à jeun durant 7 jours. Arrêtez les 7 jours suivants puis recommencez. Poursuivez ainsi le traitement pendant 3 mois.

Asthme

(Voir aussi «Allergies» et «Rhume des foins», p. 111 et 140.)

Le citron ne peut évidemment agir qu'en prévention. Mais ses flavonoïdes anti-inflammatoires et antiallergiques facilitent la respiration. Des atouts non négligeables!

Si vous risquez de vous retrouver dans un environnement allergisant, prenez 3 gouttes d'huile essentielle de citron dans 1 cuillère à café de miel, à dissoudre dans une infusion de thym ou de cassis 2 à 3 fois par jour.

Diffusez régulièrement, voire quotidiennement, de l'huile essentielle de citron dans votre maison ou votre appartement pour assainir l'atmosphère et réduire la quantité d'allergènes et de polluants respirés. (Voir «Assainissant d'atmosphère», p. 58.)

Ballonnements

Le soir, versez une grande tasse d'eau bouillante sur 1 citron coupé en tranches auquel vous aurez ajouté 5 g de fleurs sèches de camomille. Laissez macérer toute la nuit dans un récipient bien fermé. Au matin, filtrez et buvez l'infusion à jeun.

Blessures

Vous vous êtes blessé et n'avez pas d'alcool ou d'antiseptique sous la main? Quelle que soit la blessure (coupure, brûlure, morsure, égratignure ou éraflure), désinfectez soigneusement la plaie au jus de citron pur avant de bander. Si ça pique c'est que c'est efficace! Le citron, par ses propriétés antibactériennes et bactéricides, est un excellent antiseptique. En outre, il aide à stopper le saignement, atténue la douleur et accélère la cicatrisation.

115

Bleus, bosses, contusions

Appliquez une compresse de jus de citron glacé (placée quelque temps au congélateur avant emploi) sur les œdèmes ou les endroits choqués. La bosse devrait se résorber aussi vite qu'elle s'est formée.

Bronchite

Pour enrayer une bronchite qui suit irrémédiablement un gros rhume, prenez à chaque quinte de toux 1 cuillère à soupe de miel à laquelle vous ajouterez quelques gouttes de jus de citron, et buvez de l'eau chaude additionnée de miel et de citron le plus souvent possible, par petites gorgées.

Brûlures

Passez immédiatement la zone brûlée sous le robinet d'eau froide pendant 5 à 10 minutes. Puis délayez le jus de 3 citrons dans un bol d'eau froide et appliquez doucement sur la brûlure. Non seulement le citron atténue la douleur instantanément, mais il désinfecte également la peau et accélère la reconstitution de l'épiderme endommagé.

Cholestérol

Le citron contribue à abaisser le taux de cholestérol et prévenir les maladies cardio-vasculaires. Il regorge de vitamine C, de fibres solubles, flavonoïdes et limonènes dont la propriété commune est de diminuer le cholestérol.

En cas d'hypercholestérolémie, buvez donc des citronnades à volonté et arrosez tous vos plats de jus de citron. Vous pouvez également faire une cure en buvant chaque matin à jeun le jus non dilué de 2 citrons sucré au miel.

Circulation du sang

Tout comme l'aspirine, le citron fluidifie le sang, avec l'inconvénient en moins de ne pas faire saigner du nez et de ne pas provoquer d'allergies.

Le sang, plus fluide, circule plus aisément dans les vaisseaux sanguins, ce qui abaisse la pression artérielle, permet une cicatrisation et une reconstitution des vaisseaux lésés plus rapide, un apport plus régulier et plus abondant de substances nutritives aux organes dont les fonctions s'accomplissent alors avec beaucoup plus de facilité. En d'autres termes, le citron contribue à améliorer la qualité et la circulation du sang dans l'organisme, ce qui a pour effet de nourrir adéquatement les cellules de l'organisme, pour notre plus grand bien et une meilleure santé. En outre, le citron renforce les parois veineuses et tonifie le cœur.

117

• *En prévention :* faites une cure de jus de citron progressive (voir la recette, p. 125).

• *En traitement de fond :* ingérez 2 gouttes d'huile essentielle de citron dans ½ cuillère à café d'huile d'olive, sur 1 morceau de sucre ou de la mie de pain 2 fois par jour, 20 jours par mois.

• *Bain spécial circulation :* délayez 5 ml d'huile essentielle de cyprès et 10 ml d'huile essentielle de citron dans 100 ml de base neutre pour bain (disponible en pharmacie, sur Internet, ou dans les boutiques spécialisées dans le bien-être et l'aromathérapie). 1 seule cuillère à soupe de ce mélange suffira pour le bain que vous ne prendrez pas trop chaud (38 °C). Restez-y au moins 10 minutes. Puis alternez douches chaudes (40 °C) et froides (20 °C) du bas vers le haut (des pieds vers le cœur). Si vous avez le courage, du corps tout entier, sinon au moins jusqu'en haut des cuisses. Renouvelez l'opération un matin sur deux.

• *Huile de massage spécial circulation :* si vous avez les jambes lourdes et douloureuses en fin de journée et les pieds qui gonflent en été, votre circulation veineuse est probablement en cause. Massez-vous des chevilles vers les cuisses avec un mélange composé de 10 ml d'huile essentielle de citron pour 100 ml d'huile végétale de calophylle (en pharmacie).

• *Infusion spéciale circulation :* buvez des infusions de vigne rouge et d'hamamélis sucrées avec 1 cuillère à café de miel dans lequel vous aurez rajouté 2 gouttes d'huile essentielle de citron.

Conjonctivites/Orgelets/Infections oculaires

Instillez dans l'œil atteint 1 ou 2 gouttes de jus de citron 3 fois par jour. Alternez avec une désinfection de la partie touchée à l'aide d'une compresse imbibée de jus de citron.

Convalescence

Pour vous remettre en piste et retrouver toute votre énergie après une grippe ou autre affec-

118

tion virale, il suffit de suivre une cure de jus de citron progressive pendant 8 à 10 jours (voir la recette, p. 125). Vous vous rechargerez ainsi en vitamine C et ferez le plein de tonus.

Coup de froid

Si vous avez pris un coup de froid dans la journée après être resté longtemps sous la pluie ou dans les courants d'air, buvez un grand verre de citron chaud dès que vous rentrez chez vous. Vous éviterez ainsi le rhume, car la vitamine C du citron renforce les défenses immunitaires.

Coup de soleil

Appliquez un mélange de miel et de jus de citron sur les coups de soleil. Comptez 1 cuillère à soupe de miel pour 1 cuillère à soupe de jus de citron. Cela calmera la douleur et évitera l'apparition de cloques.

Courbatures

(Voir aussi « Sport/Sauna/Gym », p. 142.)

Pour éviter les douleurs musculaires après une séance de sport intensive, ajoutez du jus de citron dans votre bouteille d'eau minérale (de préférence gazeuse) que vous boirez pendant et après la séance. Le citron chassera l'acide lactique, responsable des courbatures, qui s'accumule dans vos muscles pendant l'effort physique. En moins de quelques heures, vous ne souffrirez plus et retrouverez votre souplesse habituelle.

Dartres

Frictionnez les dartres avec du jus de citron ou avec l'intérieur de l'écorce (le ziste).

Diarrhée

Grâce à ses propriétés astringentes et antiseptiques, le citron aide à calmer les diarrhées d'origine infectieuse.
• *Diluez le jus de 1 citron vert* dans un verre d'eau minérale à température ambiante.
• *5 gouttes d'huile essentielle de citron* sur un sucre ou de la mie de pain peuvent aussi remettre les choses dans l'ordre rapidement.

Pour éviter les diarrhées provoquées par les antibiotiques, adoptez une alimentation riche en myrtilles, ail et jus de citron pendant toute la durée de votre traitement.

Digestion difficile

(Voir «Troubles digestifs», p. 143.)

Douleurs diverses

Grâce à ses propriétés analgésiques, le citron soulage la douleur. De plus, il potentialise l'action d'antidouleurs tels que le paracétamol ou l'aspirine, pour une efficacité quasi immédiate. Que vous souffriez de douleurs dentaires, ostéo-articulaires, de maux de tête, ou pour soulager les membres douloureux de vos enfants en période de croissance, pensez au jus de citron pressé, dilué ou pur, au moment des crises ou en cure pour les douleurs chroniques (voir la cure de jus de citron progressive, p. 125).

Eczéma

Pour soulager les irritations de l'eczéma, appliquez des compresses d'huile d'olive ou d'huile d'amande douce additionnée de jus de citron sur les plaques. Comptez ⅓ de jus de citron pour ⅔ d'huile.

Engelures

Si vous êtes sujet aux engelures, essayez une astuce qui a fait ses preuves auprès des alpinistes : tous les matins, buvez le jus de 2 citrons (sucré et dilué ou non), et frictionnez-vous énergiquement les doigts des pieds et des mains avec le reste de la pulpe.

Épidémies hivernales

Le citron est l'allié idéal pour combattre les maux de l'hiver.

• *En diffusion dans l'air ambiant :* en période de fatigue, on est assailli par les microbes. Pour éviter la contagion et passer au travers du rhume, de la grippe ou de la gastro-entérite et autres épidémies hivernales, diffusez un mélange d'huile essentielle de citron, de ravintsara et d'eucalyptus au bureau. Même réflexe dans toutes les pièces de votre maison pour purifier l'air ambiant et chasser tout virus pouvant provenir de l'extérieur.

• *D'une manière générale,* une citronnade (⅓ de jus de citron pour ⅔ d'eau) revigore et tonifie lors d'affections fébriles tout en renforçant les défenses immunitaires. Le citron, très bon immunostimulant, antiviral et anti-infectieux ORL, aide l'organisme à faire face aux agressions microbiennes et virales. En outre, la vitamine C stimule la production des globules blancs, nos «soldats» immunitaires.

Fatigue/Asthénie/Baisse de forme/ Carence en vitamine C/Épuisement/ Surmenage

Si vous êtes fatigué, il y a de fortes chances pour que vos défenses immunitaires le soient aussi. Refaites le plein de vitalité avec le citron.

• *Gardez la pêche grâce au citron!* Remplacez votre café du matin par un verre de jus de citron additionné d'eau tiède (pas bouillante, car au-delà de 60 °C, la chaleur détruit la vitamine C) que vous pouvez sucrer avec 1 cuillère à café de miel.

• *Si vous rentrez épuisé le soir*, préparez-vous un jus de citron dilué dans de l'eau tiède avec 1 cuillère à café de miel. Et vous voilà requinqué pour la soirée.

• *Prenez un bain revigorant et stimulant* des défenses immunitaires. Diluez 5 ml d'huile essentielle de citron dans 50 ml de base neutre pour bain (en pharmacie, sur Internet, ou dans les boutiques spécialisées dans le bien-être et l'aromathérapie). Secouez pour bien mélanger et versez 2 cuillères à soupe du mélange dans l'eau chaude. Plongez dans votre bain et restez-y au moins 15 minutes. Sortez sans vous rincer, séchez-vous, puis massez-vous (ou faites-vous masser si vous en avez la possibilité) avec un mélange de 5 ml d'huile essentielle de citron dans 50 ml d'huile végétale de calophylle ou d'amande douce.

Manue, 28 ans
« Mon citron antirhume »

« Je prends souvent un citron chaud les soirs d'hiver quand je rentre du travail, comme d'autres boivent un thé. Juste pour le plaisir. Ça me détend. Et je me suis rendu compte que, grâce à lui, je ne tombais plus systématiquement malade l'hiver, alors que je suis pourtant particulièrement sujette aux angines et aux rhumes. »

124

• *Dans un flacon de 5 ml, préparez un mélange* d'huile essentielle de citron et de thym à thujanol à parties égales. Absorbez 1 goutte de ce mélange dans 1 cuillère à café de miel 3 fois par jour pendant 1 semaine.

• *Laissez macérer pendant une semaine* 500 g de zestes de citrons, d'oranges et de mandarines dans de l'alcool à 50°. Passez le tout au mixeur. Filtrez. Ajoutez 1 kg de sucre de canne. Conservez dans un flacon bien fermé, et buvez-en l'équivalent d'un verre à liqueur avant chaque repas. Attention ! Exclusivement réservé aux adultes !

• *Rechargez-vous en vitamine C* en faisant une cure de jus de citron.

La cure de jus de citron progressive

La cure de jus de citron progressive est une excellente façon de profiter au maximum, avec des effets durables, des nombreuses vertus thérapeutiques du citron.

Chaque matin, au réveil, buvez du jus de citron pur, non dilué et très mûr (voir p. 20 « Bien choisir ses citrons »). Commencez par ½ citron par jour durant 2 jours puis augmentez les doses graduellement jusqu'à prendre 7 citrons répartis tout au long de la journée. Restez à 7 citrons par jour durant quelques jours, puis diminuez progressivement de la même manière jusqu'à ne plus boire que 1 citron par jour en phase de stabilisation.

Cette cure peut être suivie 2 fois par an. Elle donne d'excellents résultats en cas de convalescence, douleurs diverses, hémorroïdes et problèmes circulatoires.

Fièvre

Pour faire baisser la fièvre, pressez le jus de 2 citrons dans un thé bien chaud. Vous pouvez adoucir avec 1 cuillère à café de miel si vous le souhaitez. Le citron, par son action sudorifique, contribue à abaisser la fièvre.

Ou bien réalisez la miraculeuse décoction de citron.

> ## La décoction de citron maligne
>
> Coupez 3 ou 4 citrons en fines tranches avec leur écorce et leurs pépins. Si vous en avez, hachez grossièrement une poignée de feuilles fraîches de citron. Mettez le tout dans une casserole, versez 1 litre d'eau froide. Couvrez, portez à ébullition et faites frémir 20 minutes à feu doux. Puis, laissez macérer toute la nuit. Filtrez, buvez tiède à petites gorgées (vous pouvez rajouter un jus de citron frais au moment de consommer). Avalez cette décoction durant la journée qui suit la préparation, et poursuivez cette cure une dizaine de jours.

Flatulences

(Voir la recette de l'infusion d'écorce de citron p. 132.)

Absorbez l'infusion en 2 fois dans la journée, la moitié le matin et l'autre moitié le soir. Poursuivez le traitement jusqu'à disparition du trouble.

Foie encombré/Crise de foie

Voici 4 astuces pour soulager le foie et l'aider dans son travail d'élimination après les fêtes ou une accumulation de repas trop copieux.

• *Cure de citronnade (en prévention)* : chaque matin pendant 1 semaine, pressez 3 citrons dans un verre d'eau minérale tiède (proche de la température du corps). Sucrez avec du miel, si possible de romarin, qui stimule aussi la vésicule biliaire. Buvez cette citronnade à jeun, 30 minutes au moins avant votre petit déjeuner. L'association jus de citron + miel est très efficace pour favoriser le travail de la bile.

• *Infusion de romarin à l'huile essentielle de citron* : pour désengorger le foie, préparez chaque matin une infusion de romarin et ajoutez 1 goutte d'huile essentielle de citron dans 1 cuillère à café de miel de romarin, de montagne, de sapin ou d'acacia. À essayer dès que vous vous sentez un peu barbouillé ou que vous avez le teint gris. Votre foie vous en remerciera.

• *Décoction (en traitement)* : après une série de repas trop copieux, rien de tel qu'une décoction pour détoxifier le foie surchargé. En stimulant la sécrétion d'enzymes digestives, le citron est une aide précieuse pour les foies surmenés. Suivez cette cure pendant 10 à 20 jours et vous aurez un foie tout neuf. (Voir la recette de la décoction, p. 126.)

• *Huile de massage pour le foie :* si vous souffrez d'indigestion, suite à des excès alimentaires ou bien, tout simplement, que vous avez mal au foie (dans le bas de l'abdomen du côté droit), massez cette région avec une formule composée de 5 cl d'huile d'amande douce à laquelle vous ajouterez 10 gouttes d'huile essentielle de romarin, 10 gouttes d'huile essentielle de citron et 5 gouttes d'huile essentielle de menthe poivrée.

128

Gastro-entérite

Le citron, riche en acide citrique, est particulièrement indiqué en cas de gastro-entérite. Il nettoie le foie, désinfecte tout le système digestif et stimule le pancréas. En plus de calmer les troubles de l'appareil digestif (diarrhée, vomissements), le citron lutte contre le virus lui-même, grâce à ses propriétés antivirales.

Préparez une infusion d'écorce de citron (voir la recette, p. 132). Ce remède vous remettra sur pied en moins de temps qu'il ne faut pour le dire.

Gerçures

Une recette très efficace pour réparer les mains gercées : mélangez ⅓ de jus de citron, ⅓ de glycérine et ⅓ de sérum physiologique (en pharmacie). Versez le mélange dans un flacon et secouez avant usage. Appliquez-en un petit peu sur les mains chaque soir. Ce baume maison est bien plus efficace que les crèmes hydratantes disponibles dans le commerce car, en plus de nourrir la peau, il favorise la cicatrisation.

129

Vous pouvez aussi enduire vos mains d'un mélange d'huile d'olive et de jus de citron. Mais juste avant de vous coucher, car c'est très gras.

Grippe

• Vous sentez la grippe s'emparer de vous ? *Préparez un bon «grog» au citron :* mélangez le jus de 1 citron à de l'eau bouillante et du miel liquide, puis filez au lit. Grâce à ses propriétés antivirales et anti-infectieuses, le citron viendra à bout de votre grippe en moins de deux.

• *Préparez vous-même ou demandez à votre pharmacien de vous concocter un mélange* d'huiles essentielles de citron, d'eucalyptus radié, de pin et de cannelle (5 ml de chaque). Absorbez 2 gouttes de ce mélange dans 1 cuillère à café de miel 2 à 3 fois par jour.

Goutte

Pressez 3 citrons et mélangez le jus dans ½ verre d'eau. Sucrez avec du miel de bruyère, stimulant rénal, dépuratif et diurétique. Buvez ce jus le matin à jeun durant 7 jours.

Gueule de bois

Le lendemain d'une soirée particulièrement arrosée, si vous vous réveillez avec une barre à la tête, la bouche pâteuse et que vous vous sentez barbouillé, buvez un jus de citron pressé à jeun. En aidant à désintoxiquer votre foie, le citron accélérera également l'élimination de l'alcool.

Hémorroïdes

Les médicaments couramment prescrits contre les hémorroïdes renferment de l'hespéridine, une molécule utilisée pour ses propriétés vasculoprotectrices, veinotoniques et antihémorroïdaires. Or l'hespéridine est un citroflavonoïde prédominant dans les écorces d'agrumes, et particulièrement le citron.

Alors enduisez vos hémorroïdes de jus de citron avec un coton et n'hésitez pas à boire du jus de citron le plus souvent possible, surtout en période de crise, où il serait bon de suivre une cure de jus de citron progressive. (Voir la recette, p. 125.)

Herpès

Tamponnez du jus de citron pur à l'aide d'un coton directement sur l'herpès ou le bouton de fièvre le plus souvent possible. Les principes actifs antiviraux du citron en viendront à bout.

Hoquet

Une simple goutte de jus de citron sur la langue permet de faire passer le hoquet. Ça marche aussi sur les bébés! Il fera peut-être la grimace mais quel bonheur de le voir soulagé!

Infections urinaires

Le citron, antiseptique, lutte contre les infections urinaires, vésicales et rénales. Il soigne et prévient, entre autres, les cystites et la goutte.

Préparez une infusion d'écorce de citron (voir la recette, p. 132), et sucrez avec du miel de montagne, spécialement indiqué en cas d'infections urinaires.

Jambes lourdes

(Voir «Circulation du sang», p. 116.)

Maladies ORL

En cas d'angine, d'otite, de bronchite, de grippe, de rhume ou de sinusite, préparez une infusion d'écorce de citron.

L'infusion d'écorce de citron maligne

Coupez 80 g d'écorce de citron en petits morceaux, mettez-les dans un bocal à fermeture hermétique et versez par-dessus 2 verres d'eau bouillante, puis fermez le récipient. Laissez infuser 15 minutes et filtrez.

Sucrez au besoin avec du miel de montagne (conseillé pour les maladies respiratoires).

Buvez cette infusion dans la journée, après les repas par exemple, ou au cours de l'après-midi et juste avant d'aller au lit.

Mal de mer

Dans un petit flacon de 5 ml, mélangez à parts égales de l'huile essentielle de citron et de menthe poivrée. Absorbez 1 goutte de ce mélange sur 1 morceau de sucre, de la mie de pain, dans 1 cuillère de miel toutes les heures si nécessaire jusqu'à disparition des symptômes.

Manque d'appétit

Si le citron possède des propriétés digestives, il est également apéritif : il ouvre l'appétit.

Préparez votre propre boisson apéritive : dans un bocal de verre hermétique, laissez macérer pendant 10 jours le zeste de ½ citron non traité dans 1 litre de vin rouge d'excellente qualité. Agitez tous les jours le liquide. Filtrez. Buvez un verre avant les deux repas pendant une semaine ou deux. Réservé aux adultes !

133

Mauvaise haleine

Une haleine fétide est souvent due à des bactéries dentaires, un problème digestif ou une mauvaise alimentation. En attendant de traiter la cause, voici deux remèdes efficaces immédiatement.

• Au lieu de mâcher un chewing-gum qui crée de l'air dans l'estomac, sucez plutôt 1 tranche de citron ou 2 et rincez votre bouche avec un verre d'eau additionnée de jus de citron.

• Dans un petit flacon de 5 ml, mélangez 1 ml d'huile essentielle de basilic, 1 ml d'huile essentielle de menthe poivrée et complétez avec de l'huile essentielle de citron. Prenez 2 gouttes de ce mélange avant chacun des 3 repas sur ¼ de sucre, de la mie de pain ou dans 1 cuillère à café d'huile d'olive.

Maux de tête

Dès que le mal de tête survient, buvez une tasse de café noir bien fort dans laquelle vous écrasez une rondelle de citron. C'est radical.

• Vous pouvez aussi *appliquer des compresses* de jus de citron ou directement des rondelles de citron sur le front et les tempes. Votre migraine s'apaisera grâce aux principes actifs antidouleur et décongestionnants du citron absorbés par les pores de la peau.

• *Prenez un bain de pieds* dans de l'eau chaude additionnée de plusieurs citrons coupés en quartiers, écorce comprise.

134

Citron antimigraine

En Indonésie, depuis des siècles, lorsqu'une femme a la migraine, on l'envoie laver la vaisselle ou le linge. Simple détournement d'attention croyez-vous ! Eh bien non. Dans les îles, c'est une habitude de mettre des citrons coupés dans l'eau de lavage en guise de savon pour nettoyer et dégraisser. Les médecins du pays expliquent que, en trempant les mains assez longtemps dans de l'eau chaude citronnée, une partie du sang au cerveau est drainée vers les mains, et le mal de tête finit par s'estomper. Dans le cas d'une migraine très forte, les médecins recommandent de vaquer au lavage, debout, les pieds nus, dans une bassine d'eau bien chaude additionnée de 3 ou 4 citrons coupés.

Microbes

Le citron, antiseptique et bactéricide, se montre intraitable avec les microbes. Que vous utilisiez son jus ou son huile essentielle, il viendra à bout de la moindre bactérie. Quelques gouttes de jus de citron sur l'éponge permettent de désinfecter n'importe quelle surface, et quelques gouttes d'huile essentielle de citron dans un diffuseur ou sur une soucoupe au-dessus d'un radiateur assainissent l'atmosphère. Des études montrent que les vapeurs d'huile essentielle de citron neutralisent le méningocoque (méningite) en ¼ d'heure, le bacille typhique (typhus) en moins de 1 heure, le pneumocoque (bronchopneumopathies) en 1 à 3 heures, le staphylocoque doré (acné) en 2 heures et le streptocoque hémolytique (scarlatine, angine) en 3 à 12 heures. Alors vous imaginez bien qu'en diffusant de l'huile essentielle de citron chez vous, vous êtes à l'abri de la plupart des maladies infectieuses ! Procédez à deux diffusions de ½ heure par jour.

Morsures de serpents

Athénée vantait déjà, à son époque, le pouvoir anti-vénéneux du citron. Il raconte que deux condamnés qui devaient être livrés aux vipères eurent l'idée de consommer des citrons juste avant. Tout à fait immunisés, les terribles morsures des reptiles n'eurent aucun effet sur eux.

Muguet

Effectuez au moins 5 bains de bouche au jus de citron pur par jour. Gardez-le dans la bouche le temps nécessaire pour garantir une bonne action antiseptique et antifongique (2 à 3 minutes).

Mycoses/Pied d'athlète

Le citron contribuant à maintenir l'équilibre du pH de la peau, si vous êtes sujet aux mycoses des ongles, des pieds, des parties génitales, au pityriasis ou à tout autre champignon récidivant, buvez du jus de citron pur ou additionné d'un peu d'eau le plus souvent possible pour alcaliniser votre sang et rétablir l'équilibre acido-basique de votre organisme. (Voir «Équilibre acido-basique», p. 109.)

Tamponnez les parties concernées avec des compresses imbibées de jus de citron pur jusqu'à complète disparition des symptômes.

Pour le pied d'athlète, mélangez le jus de citron à du jus de papaye (en magasins bio ou boutiques exotiques) et appliquez ce mélange sur le pied atteint tous les soirs.

Nausées/Mal des transports/ Femme enceinte

137

Versez 2 gouttes d'huile essentielle de citron sur 1 morceau de sucre et laissez-le fondre dans la bouche. Le mal de cœur se dissipera aussitôt. Comme cette huile essentielle est autorisée chez la femme enceinte, elle peut aussi soulager les spasmes si désagréables du premier trimestre!

Ossature

Il est établi que le calcium a besoin d'acidité pour être assimilé. Or le citron est riche en calcium et en acide ascorbique (vitamine C). Pour conserver des os solides, rien de tel que des citronnades à volonté (⅓ de jus de citron pour ⅔ d'eau).

Otite

Tamponnez le pourtour de l'oreille douloureuse avec un coton imbibé de citron. En plus d'atténuer la douleur par son effet analgésique, ses propriétés antiseptiques luttent contre l'infection de l'otite elle-même.

• *Instillez dans l'oreille* 2 gouttes de jus de citron 3 fois par jour jusqu'à disparition de la douleur.

• *Buvez une infusion d'écorce de citron* 2 fois par jour pendant 1 semaine (voir la recette, p. 132).

Piqûres d'insectes

Pour éviter de vous gratter jusqu'au sang, il suffit de frotter la piqûre avec une rondelle de citron. C'est magique : ça ne démange déjà plus !

Rétention d'eau

Si vous avez les jambes lourdes et gonflées en fin de journée, surtout en été, aidez votre circulation veineuse avec le citron.

Buvez chaque matin, l'estomac vide, du jus de citron dilué dans de l'eau. Grâce à ses vertus diurétiques, le citron se révèle un excellent remède contre la rétention d'eau.

Après avoir douché vos jambes à l'eau froide, massez-vous des pieds vers les cuisses avec le mélange suivant : dans un flacon de 100 ml, versez 2 ml d'huile essentielle de genévrier et 8 ml d'huile essentielle de citron. Complétez avec de l'huile végétale de calophylle ou d'amande douce.

Vous devriez retrouver des jambes toutes légères et, si vous le faites régulièrement, vous aurez de moins en moins tendance à gonfler. Adieu jambes douloureuses !

Rhumatismes

Pour soulager les rhumatismes, buvez chaque matin un jus de carottes-citron. Comptez 1 carotte pour 1 citron si vous les passez à la centrifugeuse. Sinon, un jus de carottes du commerce fera très bien l'affaire, surtout s'il est biologique.

Frictionnez les parties douloureuses avec du jus de citron et laissez poser des compresses imbibées de jus de citron que vous pouvez fixer à l'aide de sparadrap.

Rhume

• *Si vous avez attrapé un coup de froid* ou que vous sentez le rhume arriver, buvez un verre d'eau chaude additionnée de jus de citron et de 1 cuillère à café de miel.

• *Si votre nez n'arrête pas de couler*, aspirez directement par les narines 5 gouttes de jus de citron, d'abord dilué, puis pur, toutes les 3 heures, 5 fois par jour. Inspirez lentement par le nez et expirez par la bouche. Ça brûle un peu ? C'est normal, ça veut dire que c'est efficace. Continuez ce traitement jusqu'à la fin du rhume.

• *Instillez 1 goutte d'huile essentielle de citron* dans chaque narine 2 à 3 fois par jour pour arrêter les éternuements et les larmoiements.

• *Si le rhume est bien installé :* dans une tasse d'eau chaude, mélangez le jus de 1 citron à 1 g de vitamine C en poudre (pharmacie), une pincée de poivre et une gousse d'ail écrasée… ou à du miel de romarin. Buvez-en 2 tasses par jour jusqu'à complète guérison.

• *Traitement de fond :* mélangez 5 ml d'huile essentielle de citron et 5 ml d'huile essentielle de ravintsara dans un flacon. Absorbez 2 gouttes de cette formule dans 1 cuillère à café de miel 4 fois par jour pendant 1 semaine.

Buvez une infusion d'écorce de citron 2 fois par jour pendant 1 semaine (voir la recette, p. 132).

Rhume des foins

(Voir «Allergies» et «Asthme», p. 111 et 114.)

Saignement des gencives

Si vos gencives ont tendance à saigner lorsque vous vous brossez les dents, frottez-les avec l'intérieur d'un morceau d'écorce de citron (la partie blanche) pendant quelques minutes chaque jour. Le saignement devrait diminuer après quelques jours de traitement.

Ou faites des bains de bouche au jus de citron dilué à ⅓ dans de l'eau.

Saignement de nez

Introduisez une petite mèche de coton imbibée de jus de citron dans la narine en gardant le doigt appuyé sur l'aile du nez. Restez ainsi, la tête penchée en arrière, ou allongez-vous quelques minutes. Laissez la mèche en place encore quelques heures après l'arrêt de l'hémorragie.

Si vous saignez souvent du nez, il convient d'associer la cure de jus de citron progressive (voir la recette, p. 125).

Sinusite

En cas de sinusite, rien de tel qu'une bonne inhalation au jus de citron pour désinfecter tout l'appareil ORL. Faites bouillir 25 cl d'eau, versez-la dans un bol et ajoutez le jus de 1 citron.

Restez ¼ d'heure au-dessus du bol, la tête sous une serviette, en inspirant profondément par le nez.

Sport/Sauna/Gym

(Voir aussi «Courbatures», p. 119.)

Préparez-vous une boisson maison énergisante, reminéralisante et anticourbatures à boire pendant et après l'effort : versez le jus de quelques citrons dans votre bouteille d'eau, gazeuse de préférence. Le sport acidifie l'organisme. En alcalinisant l'organisme, le citron et l'eau gazeuse neutralisent l'acide lactique responsable des courbatures. En outre, le citron lutte contre la déminéralisation lors d'une sudation excessive après une séance de gym ou un sauna. Avec une touche de miel, il devient un véritable reconstituant en énergie. Cette boisson vous permettra donc d'être plus endurant durant la séance et de récupérer plus vite après.

Syndrome de Raynaud

Vous voulez connaître un remède vraiment efficace pour ne plus avoir les mains et des pieds qui changent de couleur pour un oui ou pour un non ? Mélangez 5 gouttes de chacune des huiles essentielles suivantes : citron, hélichryse, et lentisque pistachier dans 10 ml d'huile d'amande douce. Versez-en quelques gouttes dans un bain de pied tiède (entre 34 et 36 °C). Restez-y 10 minutes, séchez vos pieds, puis frictionnez-les ainsi que vos mains avec ce mélange.

Toux persistante

Contre les quintes de toux incessantes et intermi-nables, plongez une grosse cuillerée de miel dans une tasse d'eau bien chaude. Laissez-y fondre le miel et ajoutez le jus de 2 citrons. Buvez tant que c'est chaud. Grâce aux propriétés expecto-rantes du citron et aux vertus adoucissantes du miel, votre toux devrait cesser dès les premières gorgées.

Vous pouvez également manger le miel addi-tionné de jus de citron directement à la petite cuillère (2 cuillerées maxi, n'en profitez pas non plus!). Dans ce cas, laissez bien agir le mélange contre les parois de la gorge (comme un cata-plasme) pour calmer l'irritation qui provoque la toux.

Troubles digestifs

(Voir aussi «Acidité gastrique», «Gastro-enté-rite», «Diarrhée», «Nausées», «Vomissements».)

Il est recommandé aux personnes qui souffrent de troubles digestifs chroniques ou ponctuels de boire un verre d'eau tiède additionnée du jus de 1 citron fraîchement pressé après chaque repas. En effet, le citron stimule la production d'acides digestifs et l'activité de l'estomac.

Dans un flacon de 10 ml, mélangez 2 ml d'huile essentielle de sarriette et 8 ml d'huile essentielle de citron. Versez 1 goutte de ce mélange sur 1 cuillère à café de miel à dissoudre dans un verre d'eau tiède, ou sur 1 cuillère à café d'huile d'olive. Absorbez la préparation après chaque repas.

144

Alexis, 25 ans
« Citron anti-mal de ventre »

« Quand j'étais petit et que j'avais mal au ventre, ma grand-mère avait l'habitude de me préparer un citron chaud. À chaque fois j'étais soulagé dans le quart d'heure qui suivit. Maintenant je n'hésite plus : dès que mon estomac commence à se plaindre, je bois un citron chaud. Et ça marche aussi bien maintenant que je suis grand ! »

Turista (Diarrhée du voyageur)

Pensez au citron lors de vos voyages et expéditions : il peut purifier l'eau en cours de route et vous éviter la turista si vous assaisonnez vos crudités et que vous frottez vos couverts avec du jus de citron.

Si vous commencez à ressentir les premiers symptômes de la turista, pressez le jus de 2 citrons vert, salez fortement et diluez le tout dans un verre d'eau pétillante. Le citron étant un désinfectant intestinal, il va vite vous remettre sur pied.

Attention toutefois, toutes les diarrhées ne sont pas une turista : si vous avez des maux de ventre violents (coliques), des glaires ou du sang dans les selles, consultez un médecin.

**Thibaut, 37 ans
« Le citron antiturista »**

« Si vous êtes nauséeux (se), que vous avez mal au ventre, ou que vous avez la diarrhée, rien de tel qu'un jus de citron pressé, chaud et sucré, non dilué. C'est un remède que l'on m'a conseillé lors d'un long séjour en Égypte, alors que j'avais une turista épouvantable. Radical ! »

145

Varices/Phlébites/
Problèmes de circulation

Le citron possède une action tonique et protectrice sur les veines. Il est donc tout particulièrement indiqué dans les cas de varices, phlébites et problèmes de circulation en tout genre.

L'huile essentielle de citron est d'autant plus efficace sur les problèmes circulatoires qu'elle pénètre par la peau directement dans le sang. Préparez une huile de massage en mélangeant 10 cl d'huile végétale de calophylle avec 50 gouttes d'huile essentielle de citron, 30 gouttes d'huile essentielle de cyprès et 20 gouttes d'huile essentielle de géranium rosat. Massez-vous chaque jour les jambes avec cette huile, des chevilles vers les cuisses, pour activer votre circulation veineuse.

Faites une cure de jus de citron progressive (voir la recette, p. 125).

Verrues

• *Faites macérer les écorces* de 3 ou 4 citrons pendant 1 semaine dans 25 cl de vinaigre de vin, puis badigeonnez les verrues 2 fois par jour avec cette préparation.

• *Dans un petit flacon, mélangez* 1 ml d'huile essentielle de citron, 1 ml d'huile essentielle de cannelle et 1 ml d'huile essentielle de sarriette, puis appliquez 1 à 2 gouttes de ce mélange sur les verrues matin et soir pendant plusieurs jours jusqu'à disparition.

• *Buvez 2 à 3 infusions* d'écorce de citron par jour pendant au moins 2 semaines (voir la recette, p. 132).

Vers

• Pour vous débarrasser des vers intestinaux, *pressez 1 citron et buvez-en le jus.* Puis broyez tout ce qu'il reste : écorce, zeste et pépins. Faites macérer dans un bol d'eau sucrée avec du miel de lavande pendant 2 heures. Filtrez. Buvez le jus le soir au coucher pendant 1 semaine.

• *Buvez à jeun une décoction* de 5 gélules d'ail mélangées à ½ verre de jus de citron 5 minutes après avoir pris un morceau de sucre. Renouvelez l'opération le lendemain au besoin.

• *Vous pouvez également boire à jeun le mélange antioxyures* suivant : 1 cuillère à soupe de jus de citron pour 1 cuillère à soupe d'huile et 1 cuillère à soupe de sucre pendant 10 jours.

• *La décoction de citron s'avère également particulièrement efficace* pour éliminer les vers intestinaux. (Voir la recette de la décoction, p. 126.) Poursuivez le traitement pendant une semaine.

147

Voix enrouée/Extinction de voix

Vous vous réveillez avec la voix complètement cassée ?

Buvez un grand verre d'eau tiède additionnée de 1 cuillère à soupe de miel et du jus de ½ citron fraîchement pressé.

Vomissements

148

Pour stopper les vomissements, coupez 1 citron en tranches dans une tasse d'eau bouillante, laissez infuser 10 minutes et filtrez. Buvez-en une tasse très lentement. Les spasmes cesseront très rapidement et le malaise se dissipera peu à peu.

**Le citron sans parcimonie,
c'est la santé sans pharmacie.**

CHAPITRE 7

Le citron cuisine : « Du citron dans l'assiette »

Après le placard ménager, la salle de bains et la trousse à pharmacie et, le citron débarque dans nos cuisines. À l'aise de l'entrée au dessert, il parfume, exalte et sublime la saveur de tous vos mets en apportant sa petite touche acidulée. Son zeste à l'arôme intense et son jus rafraîchissant flattent tous les palais. Ses emplois en cuisine sont infinis : assaisonner les crudités, relever une sauce, accompagner les fruits de mer, parfumer les viandes grillées, les poissons, les soupes, et aromatiser de nombreux desserts, pâtisseries, confitures, sorbets et boissons rafraîchissantes.

Des goûts
et des couleurs

Jaune ou vert, coupé en rondelles, en moitiés ou en quartiers, cru, cuit ou même confit, il se consomme tout entier et se cuisine à toutes les sauces et dans tous les plats. Condiment précieux, il flatte le goût et réveille les saveurs. Alors mettez un peu de zeste dans votre cuisine et invitez-le à tous les repas! Voici une foule d'astuces pour vous régaler en vous faisant du bien.

Acidité

Rares sont ceux qui peuvent mordre à pleines dents dans un citron sans grimacer. Pourtant son jus est un plaisir incomparable, telle une explosion en bouche. Sachez d'ailleurs que le goût acidulé du citron stimule les papilles gustatives, ce qui est excellent pour la digestion. Si toutefois vous souhaitez atténuer l'acidité du citron pour l'incorporer dans une confiture ou un plat, laissez tremper 24 heures vos fruits coupés en fines rondelles dans un peu d'eau.

Aluminium

Attention au papier aluminium! Les scientifiques le soupçonnent d'être neurotoxique lorsqu'il est en contact avec un aliment acide comme le citron. Préférez-lui le papier sulfurisé lorsque vous souhaitez ajouter du citron dans vos recettes. (Voir « Poissons en papillote », p. 165.)

Amertume

Pour éviter un goût amer, ôtez la partie blanche de l'écorce (le ziste), à l'aide d'un économe lorsque vous découpez les zestes.

Aromatisant

Pensez au citron pour relever un plat et en exalter toute la saveur. C'est un exhausteur de goût naturel particulièrement puissant. Très juteux, il parfume intensément sauces, boissons, poissons, viandes, desserts et pâtisseries.

Offrant un mélange de subtils arômes tropicaux, il crée un goût complexe lorsqu'il est associé à un autre aliment, sucré comme salé.

Parfait pour relever un assaisonnement ou un plat douceâtre grâce à son acidité, il se marie superbement aux salades dont il exalte toute la saveur.

Indissociable du saumon, de la blanquette de veau, de l'escalope viennoise et milanaise, ne l'oubliez pas non plus sur les poissons panés, les carottes râpées, le taboulé et même les pâtes.

Expérimentez de nouveaux mariages pour un feu d'artifice de saveurs.

Lait + citron = attention !

L'acidité du citron fait tourner le lait. Préférez l'huile essentielle de citron pour aromatiser vos laitages au citron.

152

Une simple goutte d'huile essentielle de citron suffit à parfumer vos plats et aromatiser vos desserts sans aucun arôme artificiel.

Le citron permet de varier les plaisirs. Prenez un simplissime yaourt nature. Ajoutez une toute petite goutte d'huile essentielle de citron et 1 cuillère à café de miel. Vous obtenez un délicieux yaourt au citron ! Ou encore, rajoutez 4 gouttes d'extrait de vanille et 3 gouttes d'huile essentielle de citron pour une semoule, un riz au lait ou une crème dessert améliorés. Faites selon vos goûts, le citron se marie avec tout !

Artichaut

Pour éviter que les fonds d'artichauts noircissent, il suffit d'ajouter un peu de citron et un filet d'huile d'olive à leur eau de cuisson.

Assaisonnement

Le jus de citron remplacera avantageusement sel et vinaigre dans les sauces salades des personnes qui doivent limiter leur consommation de sel (en cas d'hypertension et de rétention d'eau par exemple) ou au système digestif sensible. En effet, moins agressif pour l'estomac que le vinaigre, il facilite même la digestion.

Avocat

Pour qu'il ne noircisse pas une fois ouvert, arrosez-le d'un filet de jus de citron avant tout assaisonnement. Vous pouvez d'ailleurs très bien vous passer de vinaigrette. Essayez pour une fois l'avocat arrosé d'un simple trait de citron. C'est un délice.

Banane

Pour éviter que les morceaux de banane noircissent dans une salade de fruits, il suffit de presser quelques gouttes de citron dessus.

Barbecue

Pour rendre vos viandes moins sèches (travers de porc, côtelettes d'agneau…), laissez-les mariner dans du jus de citron avec de l'huile d'olive pendant 1 heure avant de les faire cuire au barbecue. La viande sera ainsi parfumée et attendrie.

Bière

Au Mexique, on boit la bière assaisonnée d'un filet de jus de citron. Essayez et voyez comme elle gagne en fraîcheur.

Blancs en neige

Ajoutez quelques gouttes de jus de citron à vos blancs d'œufs avant de les battre en neige. Mieux aérés, les blancs montent rapidement pour réussir sans coup férir gâteaux, mousses et soufflés.

Blanquette de veau

Versez quelques gouttes de jus de citron dans l'eau de cuisson de la viande. Le veau, plus tendre, n'en sera que meilleur.

Bouillon

Pour alléger un bouillon trop lourd et lui conférer par la même occasion un goût délicieux, ajoutez une écorce de citron que vous retirerez juste avant de servir.

Caramel mou

Pour réussir à coup sûr votre caramel mou, comptez 5 morceaux de sucre pour 1 cuillère à café d'eau. Faites chauffer le tout à feu tout doux sans remuer mais en secouant de temps à autre la casserole pour bien répartir le mélange. Attention! Surveillez attentivement, tout va très vite. Si vous ne souhaitez pas que votre caramel se solidifie, ajoutez quelques gouttes de jus de citron dès qu'il commence à se colorer. Pour les plus gourmands, une petite cuillère de beurre, de crème fleurette et une pincée de fleur de sel, et vous obtenez un somptueux caramel mou au beurre salé.

Carottes râpées

Les carottes, une fois râpées, doivent être consommées immédiatement car elles perdent très vite leurs vitamines au contact de l'air.

En attendant de passer à table, arrosez-les d'un peu de jus de citron. Elles garderont ainsi leur belle couleur orange et toute leur fraîcheur.

Pour les assaisonner, pressez dessus le jus d'un citron et d'une orange. C'est un régal !

Carpaccio

Qu'il soit de bœuf ou de saumon, un carpaccio ne peut s'envisager sans citron ! Contrecarrez le goût suave de l'huile d'olive avec l'acidité du jus de citron pour sublimer toute la saveur de la viande ou du poisson cru. Un feu d'artifice de saveurs !

Carpaccio malin de bœuf

Dans un bol, préparez la sauce avec le jus de 1 citron, 4 cuillères à soupe d'huile d'olive et 1 pincée de sel et de poivre. Émulsionnez à la fourchette jusqu'à ce qu'elle devienne bien homogène, puis passez-la au pinceau sur les tranches extrafines de viande crue. Décorez vos assiettes de câpres, de fins copeaux de parmesan, de feuilles de basilic et de rondelles de citrons coupées en deux. Réservez au frais jusqu'au dernier moment.

Carpaccio malin de saumon

Taillez le poisson cru en fines tranches. Pressez un citron (vert de préférence) sur chaque assiette. Prenez soin de bien répartir le jus sur la totalité de la surface des tranches de poisson cru. Ajoutez l'huile d'olive, le sel, le poivre et 2 branches de thym ou quelques brins d'aneth disséminés. Laissez macérer le poisson dans ce bain aromatique au réfrigérateur, de 15 minutes à plusieurs heures, selon l'épaisseur du poisson et votre préférence pour le goût plus ou moins cru. Vous ne pouvez pas trouver plus sain comme méthode de «cuisson». Les bienfaits de chaque ingrédient semblent s'y démultiplier. Servez bien frais!

Céviche

Préparer le poisson en céviche, à la mode péruvienne, signifie simplement le laisser macérer dans du citron. Le jus acide a pour effet de «cuire» le poisson, que l'on peut manger sans autre préparation. C'est l'équivalent de nos marinades ou carpaccio.

Chou-fleur

• *Pour que votre chou-fleur reste bien blanc*, arrosez-le de citron avant de le cuire.

• *Pour éviter l'odeur désagréable du chou-fleur* quand on le cuisine, ajoutez un petit morceau de citron dans la cocotte ou la marmite.

Martine, 56 ans
« Mon citron rondelle-glaçon malin »

« Lorsque mes invités souhaitaient une rondelle de citron dans leur boisson, bien souvent, soit je n'en avais plus, soit je coupais un citron juste pour une rondelle. Maintenant j'ai un truc : je coupe des rondelles assez épaisses de citron que j'enferme une par une dans du film plastique, et hop, au freezer ! Ainsi, j'ai toujours des rondelles de citron sous la main. En plus on peut les utiliser comme glaçons sans avoir de l'eau qui fond dans son cocktail ! »

Concombre malin et léger

Pour une salade de concombres à la « crème » légère et délicieuse, mélangez simplement 1 cuillère à soupe de fromage blanc battu, un peu de jus de citron, du sel et du poivre. Un régal sans scrupule.

Confitures et marmelades bien « prises »

Pour réussir toutes vos confitures et gelées, ajoutez à la cuisson quelques pépins de citron. Leur pectine fait office de gélifiant naturel qui se révèle à la cuisson et en présence de sucre. Vos confitures prendront ainsi mieux en masse et gélifieront.

Corbeille de fruits

Pour empêcher que les fruits frais mûrissent trop vite, placez un citron au milieu de la corbeille. Ils se conserveront ainsi plus longtemps.

Crème sûre (aigre)

Pour faire une crème sûre maison, ajoutez, dans une casserole, un peu de jus de citron à de la crème fraîche, laissez prendre et égouttez. Attention, elle ne supporte la chaleur que jusqu'à 80 °C. Évitez donc de la faire bouillir car elle tournerait. Si vous souhaitez l'utiliser dans une sauce cuite, il suffira de l'ajouter à la préparation frémissante hors du feu tout en fouettant vigoureusement. Conservez-la au frais.

Rafraîchissante et acidulée, la crème sûre assaisonne crudités, soupes, sauces et gâteaux et accommode même la pomme de terre cuite au four si on lui rajoute un peu de ciboulette hachée finement. Avec une tranche de saumon fumé ou de jambon de parme, c'est une pure merveille!

Crudités

Aspergez vos crudités de jus de citron pour les rendre plus digestes et éviter qu'elles s'oxydent.

Décoration

N'hésitez pas à utiliser le citron pour décorer vos plats. Découpé en rondelles, en quartiers, en dents de scie ou en zestes, il est très décoratif et égaye facilement une assiette. Ajoutez des écorces d'oranges joliment découpées pour un festival de couleurs.

Dans la cuisine asiatique, le citron est souvent utilisé comme accompagnement décoratif pour les soupes translucides.

Déglaçage

Pour déglacer facilement lors de la cuisson d'un steak, d'une côte de porc ou de toute autre viande, quelques gouttes de jus de citron dans le fond de votre poêle vous permettront de récupérer tous les sucs de cuisson. Mmm!

Désinfectant alimentaire

Le citron joue le rôle de puissant antiseptique. Quelques gouttes de citron sur une huître en détruisent presque tous les germes pathogènes en ¼ d'heure. Ainsi, pour éviter toute intoxication, citronnez tous les fruits de mer et coquillages frais, et consommez-les 10 à 15 minutes plus tard. Agissez de même avec la salade verte, les viandes, surtout faisandées, les poissons et toutes les eaux douteuses en été (comptez ½ citron à 1 citron entier par litre d'eau, soit 15 cl de jus frais par litre pour être précis).

161

Fraises

Pour nettoyer vos fraises sans en altérer la saveur, surtout ne les passez pas sous l'eau. Arrosez-les plutôt de jus de citron. Celui-ci ôtera les pesticides tout en gardant intacte la saveur des fruits.

La fraise est l'un des fruits qui se gardent le moins. Si vous savez que vous ne les mangerez pas dans les 24 heures, préparez-les en salade avec un peu de jus de citron pour éviter qu'elles s'oxydent, du sucre et une feuille de menthe fraîche. Couvrez et mettez au réfrigérateur.

Fromage blanc maison

Pour fabriquer vous-même votre propre fromage blanc en seulement 12 heures, il suffit de verser le jus de ½ citron dans 50 cl de lait entier tiède et de placer le récipient recouvert d'un film alimentaire dans un endroit chaud (soleil ou radiateur) pendant 12 heures. Puis versez-le dans une passoire doublée d'un linge fin et propre. La durée de l'égouttage sera fonction de votre goût : plus vous le laisserez égoutter plus il sera ferme.

Demain matin vous aurez le plaisir de savourer un fromage blanc 100 % maison pour votre petit déjeuner.

Fruits et légumes

Pour éviter que vos légumes noircissent une fois épluchés, coupés ou râpés, il suffit d'en frotter la chair avec une moitié de citron ou de les arroser généreusement de jus de citron. Ainsi, ils ne s'oxyderont pas à l'air en attendant d'être mangés et conserveront toutes leurs vitamines.

Glaçage (sur gâteau)

Une façon saine et gourmande de remplacer le traditionnel glaçage au blanc d'œuf et sucre glace est d'arroser votre gâteau de jus de citron et de miel. Vous obtiendrez ainsi une pellicule sucrée et légèrement acidulée.

Grumeaux

Exit les grumeaux grâce au citron ! Rajoutez du jus de citron à vos préparations pour émulsionner sauces, mayonnaises et vinaigrettes.

Huiles d'agrumes

Confectionnez votre propre huile d'agrumes : dans un flacon, versez 6 cl d'huile de colza, ajoutez 2 gouttes d'huile essentielle de citron, 2 gouttes d'huile essentielle d'orange douce et 1 goutte d'huile essentielle de pamplemousse. Vous obtiendrez une huile délicatement parfumée avec laquelle vous pourrez arroser tous vos plats de poissons.

Huile d'olive

Pour aromatiser une huile au citron, ajoutez 1 à 2 gouttes d'huile essentielle de citron à votre bouteille d'huile d'olive vierge première pression à froid.

Légumes

Pressé sur les légumes verts, le citron ajoute de la vitamine C et aide ainsi à l'assimilation du fer du repas.

Si vous êtes au régime, assaisonnez vos légumes vapeur de jus de citron plutôt que d'utiliser un corps gras comme du beurre ou de l'huile d'olive.

Marinade

La marinade est un mélange de jus de citron additionné d'huile et d'herbes aromatiques. L'acidité du citron attendrit et cuit les viandes et les poissons. (Voir les recettes du carpaccio malin de bœuf ou de saumon p. 156 et 157.)

Mayonnaise

Pour que la mayonnaise ne retombe pas en cours de route, ajoutez en tout début de préparation 1 goutte de jus de citron avant de battre le jaune d'œuf, la moutarde, l'huile et le sel. Le citron évitera par la même occasion la formation de grumeaux.

Nappage

Pour réussir un délicieux nappage au citron :
Mélangez au fouet sucre glace et jus de citron jusqu'à obtenir une consistance nappante, puis versez à la surface du gâteau. Aidez-le à bien se répartir à l'aide d'une spatule pour obtenir

une présentation impeccable. Enfin, la touche finale : décorez de zestes de citron confits en guise de cerise sur le gâteau !

Pâte brisée

Pour rendre la pâte brisée plus tendre et moins élastique, ajoutez-y quelques gouttes de citron. En effet, l'acide du citron désagrège le gluten (la protéine de la farine).

165

Poissons en papillote

(Voir «Aluminium», p. 150.)

Si vous souhaitez faire cuire votre poisson en papillote avec du jus de citron, utilisez du papier sulfurisé et non du papier aluminium car celui-ci pourrait être toxique au contact du citron.

Poissons et crustacés

Sublimez vos plats de poissons et crustacés en les arrosant simplement de citron. C'est le meilleur assaisonnement que vous puissiez offrir à nos amis de la mer pour en exalter toute la saveur.

Pour les plus gourmands, pressez un citron

jaune ou vert dans votre beurre fondu pour napper le poisson.

Régimes : cuisinez léger et santé!

Qu'est ce qui apporte un maximum de goût pour un minimum de calories? Le citron bien sûr! Il permet de relever une nourriture un petit peu trop «nature» à votre goût, voire fade faute de sauces, de matières grasses ou de sel. Le citron, lui, permet de varier les plaisirs sans apporter de calories. Il participe ainsi à une alimentation saine, équilibrée et variée.

Salade

(Voir «Vinaigrette», p. 169.)

Ajoutez du jus de citron à l'eau claire pour laver votre salade. S'il reste le moindre microbe, il sera neutralisé.

Si vous aimez le goût bien relevé de la salade un peu cuite dans la vinaigrette, ajoutez l'assaisonnement 30 minutes avant de servir. Si, au contraire, vous la préférez craquante et nature, n'ajoutez votre jus de citron qu'au dernier moment.

Saumon

L'alliance parfaite. Cru, mariné, fumé ou cuit en pavé, le citron sublime le saumon sous toutes ses formes.

En outre, le jus de citron évite que le saumon ne sèche et préserve sa jolie couleur claire. Il reste frais et tendre en attendant vos convives.

Sel

• *Si vous êtes à court de sel*, pas de problème! Le citron le remplace aisément. Un assaisonnement au citron et aux fines herbes relève suffisamment le goût des aliments sans que l'on ait besoin de saler. Alors dès que vous trouvez un plat un peu fade, rajoutez du citron, pas du sel! Vos artères vous en remercieront.

• *Sel aromatisé.* Vous pouvez aromatiser votre sel au citron. Ajoutez à votre pot de sel des zestes de citron séchés et des baies roses. Vous obtiendrez un mélange aussi beau que bon et prêt à l'emploi pour vos salades, poissons et viandes blanches.

Smoothies

Associez le citron à d'autres fruits pour réaliser des smoothies détonants. Les combinaisons sont infinies ! En passant une tranche de citron entière dans le mixeur, vous bénéficiez des principes actifs présents dans le fruit entier (jus, chair, pépins, écorce). Contrairement au presse-agrumes qui, lui, ne garde que le jus !

Taboulé

Au moment de servir, versez quelques gouttes de jus de citron sur votre taboulé pour le réhydrater et lui donner une note acidulée.

Verres givrés pour l'apéritif

Pour un apéritif festif, préparez des verres givrés. Frottez les bords de vos verres avec une tranche de citron. Dans une assiette, déposez une couche de sucre en poudre auquel vous ajoutez quelques gouttes de sirop de menthe, de grenadine ou autre selon la couleur désirée. Posez les verres côté «bords citronnés» sur le sucre en poudre imbibé de sirop : le sucre coloré s'y colle tout seul. Succès assuré !

Viande dorée

Pour obtenir un poulet ou rôti de veau bien doré, arrosez votre viande de jus de citron. Le rôti prendra ainsi une belle couleur dorée.

Viande tendre

Les escalopes de dinde ou de poulet sont parfois un peu sèches. Pour les attendrir, utilisez le jus de 1 citron pressé avant la cuisson. Arrosez la viande des deux côtés et laissez macérer ½ heure. Absorbez ensuite le surplus à l'aide de papier essuie-tout. La viande doit être bien sèche pour une cuisson idéale.

Vinaigrette au citron… sans vinaigre

Quand on vous disait que le citron était capable de tout! Il permet même de réaliser des vinaigrettes sans vinaigre! Mélangez 1 cuillère à soupe de moutarde, 6 cuillères à soupe de jus de citron, ½ tasse d'huile d'olive, du sel et du poivre fraîchement moulu et quelques gouttes de Tabasco. Pour varier les plaisirs, vous pouvez aussi ajouter de la pâte de tomates et quelques gouttes de miel.

Zestes

Le zeste du citron, râpé en filaments, est le plus souvent utilisé en pâtisserie. Mais pourquoi ne pas en parsemer sur un poisson en papillote?

• *Pour prélever le zeste de vos citrons* en toute simplicité et sans vous blesser, utilisez un «zesteur». Mais vous pouvez également vous servir d'un épluche-légumes ou d'une râpe fine.

• *Pour éviter de voir apparaître dans votre gâteau cuit les zestes de citron* dissimulés dans votre pâte à gâteau avant de le cuire, utilisez une râpe à fromage : elle donnera des zestes de citron extrêmement fins, invisibles même une fois le gâteau cuit.

• *Pour vous faciliter la tâche*, placez les citrons au réfrigérateur. Ils sont beaucoup plus faciles à râper froids.

• *Pour éviter toute amertume*, retirez la peau blanche qui se trouve entre la pulpe et l'écorce avant de découper vos zestes en fines lanières, et faites-les blanchir dans de l'eau bouillante pendant 3 à 4 minutes ou dans de l'eau froide toute une nuit.

• *Utilisez les zestes pour parfumer sauces*, soupes et desserts, accompagner délicieusement un poisson cru ou cuit (en papillote), relever le goût de certains plats… ou pour décorer vos assiettes avant de les servir.

• *Confits dans un sirop de sucre*, ces zestes deviennent une délicieuse friandise, roulés dans le sucre cristal ou trempés dans du chocolat fondu. (Voir la recette des citrons confits au sucre, p. 174.)

• *Entier et vidé de sa chair*, le citron peut être farci ou givré (rempli d'un sorbet réalisé à partir de son jus et placé entier au congélateur).

Recettes

Poulet au citron minceur

Voilà un plat bien plus diététique que le tradi-tionnel poulet rôti! Cette recette, toute simple à réaliser, parfumée et légère, convient tout à fait à une alimentation minceur.

Ingrédients pour 6 personnes :
1 poulet
3 citrons
4 c. à s. d'huile d'olive
30 cl de bouillon de volaille
2 oignons
Sel et poivre

Préparation :
- Découpez le poulet en morceaux.
- Lavez et coupez les citrons en rondelles.
- Pelez et émincez les oignons.
- Faites chauffer l'huile dans une cocotte et revenir les oignons sans les brunir.
- Ajoutez les morceaux de poulet et les rondelles de citron dans la cocotte.
- Salez, poivrez, arrosez du bouillon de volaille et parsemez d'herbes de Provence.
- Baissez le feu, couvrez et laissez cuire 1 h 10.
- Servez aussitôt.

Citrons confits au sel à la marocaine

Cette recette demande de la patience. Très simple à réaliser, elle fera le bonheur de vos ragoûts, tajines, plats de viandes et de poissons mijotés, poulet en sauce et de toutes vos recettes méridionales ou exotiques. Préparez-en dès maintenant et oubliez-les dans un coin, la surprise sera totale cet hiver quand vous ferez vos tajines, et ils ont également l'avantage de joliment décorer une étagère de cuisine. À placer à côté de vos bocaux de marinade et autres vins maison au citron attendant patiemment d'être dégustés...

Ingrédients pour 1 kg :
1 kg de citrons ordinaires non traités
Fleur de sel (gros sel gris de Guérande)

Préparation :
• Mettez les citrons à tremper 5 jours dans de l'eau.
• Au bout des 5 jours, fendez-les en 4 dans le sens de la longueur sans aller jusqu'au bout pour ne pas séparer les quarts, et sans les peler.
• Ouvrez-les « en fleur », glissez 1 grosse pincée de sel au milieu de chaque fruit (comptez

173

environ ½ tasse de gros sel pour 4 citrons), et refermez-les.

• Placez les citrons dans une grande terrine ou un grand bocal en les tassant bien, couvrez et laissez dégorger pendant 8 jours.

• Il sortira au bout de quelques jours un jus salé épais comme du miel dans lequel les citrons se conservent indéfiniment dans un endroit sec.

• Au bout de 1 mois ils sont prêts.

• Ce jus peut remplacer le vinaigre dans les salades.

Citrons confits au sucre

Pour les gourmands…

Ingrédients pour 6 personnes :
8 citrons non traités
400 g de sucre
½ litre d'eau
50 g de sucre ou de chocolat fondu
Noix de coco râpée

Préparation :
• Lavez les citrons. Pelez-les à vif.
• Découpez leur zeste en bâtonnets de taille à peu près similaire.

- Faites-les blanchir dans de l'eau frémissante à deux reprises, en les égouttant entre deux (cela permet au citron de commencer sa cuisson et de s'attendrir pour que le sirop de sucre l'imprègne plus facilement).
- Mettez-les dans une casserole avec l'eau et le sucre.
- Laissez cuire doucement à frémissements pendant 2 heures : les zestes de citron doivent devenir presque translucides.
- Laissez-les reposer une nuit dans le sirop avant utilisation.
- Vous pouvez soit les utiliser tels quels, soit les égoutter puis les rouler dans 50 g de sucre ou de chocolat fondu, puis dans de la noix de coco râpée.
- Régalez-vous !

Tarte au citron minceur

Cette recette peut convenir à une personne diabétique car le sucre est remplacé par l'édulcorant. Le goût de la tarte au citron traditionnelle… en toute légèreté !

Ingrédients pour 4 personnes :
1 pâte brisée
2 citrons
40 g de Maïzena
500 g de fromage blanc à 0 % de MG
150 g de crème épaisse à 15 % de MG
7 c. à s. d'édulcorant spécial cuisson
80 ml de lait écrémé
4 œufs

176

Préparation :
• Préchauffez votre four à 180 °C (th. 6).
• Enfournez la pâte une dizaine de minutes pour la précuire en la surveillant régulièrement.
• Pressez 1 citron puis prélevez son zeste.
• Coupez l'autre citron en fines rondelles. Il sera utilisé pour recouvrir la tarte.
• Dans un saladier, mélangez les jaunes d'œufs avec l'édulcorant et la Maïzena.
• Lorsque le mélange est lisse, ajoutez progressivement le lait, puis la crème fraîche et le fromage blanc.
• Enfin, ajoutez le jus de citron et le zeste. Mélangez bien.
• Faites monter les blancs en neige ferme puis incorporez-les délicatement à la préparation.

- Garnissez le fond de tarte précuit de la préparation au fromage blanc, puis recouvrez-la avec les rondelles de citron.
- Enfournez pendant 35 minutes environ.

Flan au citron minceur

Régalez-vous sans scrupules avec ce flan au citron 100 % diététique.

Ingrédients pour 8 personnes :

5 gros œufs
75 g de sucre cassonade
5 g d'extrait de citron
10 g de vanille liquide
500 g de lait écrémé

Préparation :
- Préchauffez le four à 180 °C (th. 6).
- Passez les œufs, le sucre, l'extrait de citron, la vanille liquide et le lait 60 secondes au mixeur.
- Versez la préparation dans des petits ramequins.
- Enfournez au bain-marie (dans un plat rempli à moitié d'eau) pour 30 minutes.
- Vérifiez la cuisson en plantant la lame d'un couteau, elle doit ressortir nette.
- Sortez alors délicatement et sans vous brûler les ramequins du four.

• Laissez complètement refroidir avant de les déguster.

Confiture au citron

Pour réaliser en un tour de main une délicieuse confiture au citron, rien de plus simple : comptez 1 kg de sucre pour 1 kg de citrons. Faites cuire environ 20 minutes. Le mélange se gélifie en refroidissant. Et voilà, le tour est joué! Un régal sur les tartines le matin!

Ingrédients pour 10 petits pots :
24 citrons
700 g de sucre en poudre
Un peu d'eau

Préparation :
• Lavez soigneusement les citrons.
• Prélevez les zestes et découpez-les en fines lanières.
• Faites bouillir une petite casserole d'eau, plongez-y les zestes de citron pendant 1 ou 2 minutes pour les blanchir, les ramollir et les adoucir.
• Pendant ce temps, coupez 16 citrons en tranches épaisses et pressez les 8 derniers.
• Mettez les tranches et le jus de citron dans une grande casserole, faites bouillir 5 minutes

en remuant continuellement avec une cuillère en bois.

- Ajoutez le sucre.
- Si le mélange est trop épais, rajoutez un peu d'eau en cours de cuisson, cuillerée par cuillerée.
- Laissez cuire sur feu très doux pendant 20-25 minutes en remuant de temps en temps.
- Passez au chinois (fine passoire) la confiture, transparente comme une gelée.
- Mettez en pots ébouillantés en ajoutant à chaque pot un peu des zestes émincés mis de côté.
- Couvrez.
- Votre confiture est prête à tartiner!

Lemon Curd

Nos conseils pour réaliser cette préparation aussi bien que nos amis anglais.

Ingrédients pour 4 personnes :
100 g de beurre
350 g de sucre
7 citrons
4 œufs

Préparation :

• Faites chauffer le beurre au bain-marie puis incorporez le sucre, 2 c. à c. de zeste et le jus des citrons.

• Mélangez jusqu'à ce que le beurre ait fondu.

• Battez les œufs en omelette, ajoutez-les à la crème au beurre et continuez à tourner jusqu'à ce que le mélange devienne crémeux.

• La cuisson doit être lente et régulière.

• Laisser refroidir en remuant de temps à autre.

• Versez la crème dans des pots ébouillantés, fermez bien et réservez au frais à l'abri de la lumière.

• Vous pouvez les conserver 6 mois au réfrigérateur.

• À déguster sur des toasts ou des sablés au citron avec un thé à l'orange, ou en garniture de financier, sur une petite brioche ou un fond de pâte sablée cuite à blanc.

Boissons citronnées

Hautement désaltérant, le jus de citron se combine à l'infini avec d'autres boissons pour le plaisir de nos papilles et une meilleure santé.

Oasis aux agrumes

Faites cuire des zestes d'oranges et de citrons (bio ou sans traitement après récolte évidemment) pendant 5 minutes dans un fond d'eau sucrée. Versez le tout dans une bouteille en verre que vous remplirez d'eau de source. C'est tout simple mais délicieux, rafraîchissant et pas trop sucré, contrairement aux boissons du commerce. À conserver au réfrigérateur.

Citron-menthe

Pour une boisson digestive et rafraîchissante, pressez 2 citrons, pilez quelques feuilles de menthe, ajoutez de l'eau gazeuse et agitez bien.

Lemon ice-tea

Pour réaliser un délicieux ice-tea maison, pressez tout simplement 1 tranche de citron dans une tasse de thé froid, voire glacé.

Boissons aux huiles essentielles

Vous pouvez préparer de délicieuses boissons tièdes ou rafraîchissantes en associant différentes huiles essentielles avec de l'huile essentielle de citron : citron-géranium, citron-cèdre, citron-menthe ou citron-orange. Versez 1 goutte de chaque huile essentielle dans un verre. Ajoutez de l'eau froide ou chaude. Sucrez avec une cuillère à café de miel et mélangez.

Cocktail de citron jaune et vert

Dans un shaker, mélangez-le jus de 1 citron vert et de 1 citron jaune. Incorporez 15 cl d'eau pétillante, 1 cuillère à café de sirop de canne et 2 feuilles de menthe hachées. Servez bien frais.

Avec 2 verres de ce cocktail light, et pour seulement 46 calories, vos besoins en vitamine C sont couverts pour la journée !

Lemon Fizz

Dans un shaker, mélangez 6 cl de jus de citron, 1 cl de sirop de sucre de canne et 1 blanc d'œuf. Frappez très fort, puis servez sur des glaçons et complétez avec 12 cl de limonade au citron (type Gini). Vous obtenez une boisson riche en vitamine C.

Amarena

Préparez ce merveilleux cocktail aux fruits, imaginé par Joseph Trotta pour un festival de saveurs à 23 calories seulement.

Passez au mixeur 10 g de framboises, 10 g de jus de citron, 75 g de pêches blanches et 85 g de jus de grenade, 1 cuillère à café de sucre et un peu de glace, puis versez le mélange dans un grand verre.

183

Citronnade

Quoi de plus rafraîchissant qu'un jus de citron bien frais additionné d'eau? Son acidité et sa légèreté (29 kcal/100 g) en font la boisson idéale des grandes soifs. Mais la citronnade ne se contente pas d'être une boisson désaltérante. Elle est pleine de bienfaits pour votre forme et votre santé et peut même devenir un remède : digestive, revigorante si vous la prenez chaude, stimulante si vous la prenez froide.

Toute simple et tellement rafraîchissante ! Pressez le jus d'un citron dans de l'eau en respectant le chiffre d'or de la citronnade : ⅓ de jus de citron pour ⅔ d'eau. Sucrez au minimum.

Pour une citronnade plus élaborée et pour profiter au maximum des bienfaits du citron, vous pouvez aussi infuser ou mixer puis filtrer le jus, la pulpe et le zeste du citron.

Limonade

184

Voici 3 recettes faciles à réaliser.

Préparez vous-même votre limonade !

Limonade traditionnelle pour tous les goûts

Mettez 4 litres d'eau, 500 g de sucre, 1 citron lavé et coupé en rondelles et ½ poignée de riz cru dans un pot en grès. Laissez macérer le tout à couvert pendant 3 jours en remuant chaque jour. Filtrez, mettez en bouteilles, bouchez et attendez 3 à 4 jours avant consommation. Plus vous attendrez que votre riz fermente, plus votre limonade sera pétillante. Conservez-la au frais. Pour un goût de citron plus prononcé, doublez la dose de citron. Vous pouvez très bien aromatiser cette limonade de gingembre, de sureau, de liqueur de framboise ou de tout autre fruit en ajoutant cet ingrédient à la macération.

Limonade minute

Frottez 3 citrons avec 170 g de sucre en morceaux. Coupez-les en rondelles et jetez-les dans 1 litre d'eau (gazeuse ou non). Faites macérer 12 heures. Passez et filtrez. Mettez en carafe et servez très froid.

Si vous êtes pressé, préparez votre limonade avec de l'eau bouillante : vous pourrez la laisser macérer seulement 1 heure au lieu de 12.

Limonade spéciale randonnée (en tablettes)/ légère à transporter

Mélangez 100 g de sucre en poudre, 10 g d'acide citrique, 20 g de bicarbonate de soude et 10 gouttes d'huile essentielle de citron dans un mortier en pressant fortement pour obtenir des pastilles. Conservez à l'abri de l'humidité. Il suffit alors de mettre une pastille dans un verre d'eau, et l'effervescence est instantanée.

Ces boissons sont très gazeuses donc prudence à l'ouverture...

Annexes

Annexe 1. Le citron de Menton

La légende de Menton

Si Menton est aujourd'hui la capitale française du citron, une légende en donne, comme il se doit, la raison. Avant d'être chassée du Paradis, Ève déroba un citron. Longtemps, Adam et Ève errèrent à la recherche d'un endroit qui pourrait leur rappeler le Paradis perdu quand enfin ils arrivèrent dans la baie de Menton. La beauté du golfe, la douceur du climat, la végétation luxuriante… tout leur rappelait le paradis. Ève enterra le citron dans le sol, où poussa ensuite la cité de Menton…

Son emplacement privilégié

Abritée des vents, la région mentonnaise bénéficie d'un microclimat exceptionnel. Dès le mois de février, les citrons jaunes et verts poussent comme des champignons, au moment où le soleil est assez chaud pour caresser le fruit sans le rider. Le citron mentonnais est ainsi réputé être l'un des plus sucrés et des moins acides au monde. Ce goût si doux, il le doit au fait qu'il reste 1 an sur le citronnier après maturité. Notre fruit favori a donc le temps de se gorger de sucre pour le plus grand plaisir de nos papilles.

La fête du citron à Menton, véritable carnaval des agrumes

Chaque année aux mois de février et mars, la petite ville de Menton met le citron à l'honneur. Durant près de 3 semaines, en pleine effervescence, Menton se colore d'orange et de jaune. Masques originaux, costumes somptueux et fanfares traditionnelles virevoltent entre les magnifiques chars d'agrumes entièrement décorés d'oranges et de citrons et les superbes compositions géantes d'agrumes. Pas moins de 300 tonnes de fruits sont nécessaires pour réaliser ces splendides décors. Devenu symbole de la ville, le citron est adoré pour son écorce chaleureuse, mais aussi pour ses retombées financières et touristiques… Qui aurait cru qu'un si modeste fruit pouvait en faire autant ?

189

Annexe 2. Autres agrumes

Kumquat, cédrat, bergamote, lime, limette, citron vert, combava, sudashi, yuzu… le citron a de nombreux cousins.

Le citron se marie volontiers avec d'autres agrumes pour donner des petits hybrides comme le «citrange» (citron + orange) ou le «citrandarin» (citron + mandarine).

L'origine du citron lui-même est incertaine, il pourrait être le résultat d'hybridation naturelle entre le cédrat, la lime et le pamplemousse.

Le citron vert

Le citron vert, autrement appelé la lime, est moins acide et encore moins sucré que le citron jaune. On l'utilise en cuisine sur les poissons ou la volaille (le poulet au yassa en Afrique, les marinades à Tahiti) et il entre dans la composition de nombreux cocktails tropicaux.

Le cédrat

Le cédrat, autrement appelé «Pomme des Mèdes», est un proche cousin du citron. Il a l'apparence d'un gros citron à l'écorce bosselée pouvant peser 1 kilo et sa pulpe est un peu moins acide que celle du citron. Cultivé notamment en Turquie, il sert avant tout à préparer des confitures et une liqueur appelée la cédratine. En cuisine, on utilise davantage son huile essentielle que le fruit lui-même. Mais le cédrat est surtout connu pour son usage en parfumerie. Il existe une trentaine de variétés de cédrats de par le monde.

191

Le yuzu

Sorte de citron jaune ou vert selon son stade de maturation (il jaunit en mûrissant), à la chair juteuse, il dégage un arôme acidulé proche du pamplemousse et de la mandarine. Originaire d'Asie où il pousse parfois sous des températures inférieures à - 5 °C, c'est un ingrédient culinaire populaire au Japon. Au pays du Soleil Levant, on le cuisine à toutes les sauces pour agrémenter soupes, sashimis, poissons grillés, pâtisseries.

Mon primeur vend des citrons malins !

Quelles sont les variétés de citrons que vous vendez le plus souvent ?

Le *Verna*, le *Primofiori* et le *Limo Fino* sans aucun doute. Ces citrons viennent d'Espagne. Le *Verna*, peut-être le moins cher, est très juteux et on en a toute l'année. Ils sont tous traités avant et après récolte. Mais d'un jaune flamboyant et à l'ovale parfait, ils sont beaux et se conservent bien. C'est ce que la clientèle recherche. Pourtant c'est la cire dont on les a recouverts qui les conserve mieux et les rend plus brillants...

Et les citrons français, vous n'en vendez pas ?

Si, bien sûr, ce sont les meilleurs ! Très juteux et parfumés, il y a le niçois et le mentonnais. Mais ils ne sont commercialisés que de janvier à mars. Ceux-là ne sont pas traités après récolte, c'est-à-dire qu'ils n'ont pas été enrobés de cire. En revanche, évidemment, ils n'ont pas échappé aux pesticides, ce ne sont pas des bio non plus ! On trouve du Corse aussi de temps en temps.

Comment les choisir ?

Évitez les trop fermes et trop mous et regardez surtout l'écorce : elle doit être fine et lisse. Plus elle est fine, plus le citron sera juteux.

À l'instar du citron, il est également considéré comme un aliment aux vertus thérapeutiques. D'ailleurs c'est une coutume populaire de prendre un bain au yuzu lors du solstice d'hiver pour rester en bonne santé. On plonge les fruits entiers dans l'eau chaude du bain, tels quels ou enveloppés d'un sac de tissu, pour qu'ils y répandent leur arôme puissant et toutes leurs vertus fortifiantes.

Le yuzu commence à entrer dans les cuisines occidentales. Extrêmement parfumé et odorant, il est de plus en plus apprécié des grands chefs cuisiniers européens et américains les plus raffinés, où il détrône l'orange et le pamplemousse. Sardines fraîches marinées au yuzu et à l'huile d'olive, tartare de thon avec une sauce yuzu et mangue… Les Irlandais assaisonnent de yuzu une salade de pommes de terre et de crevettes. Les Italiens mélangent le jus de yuzu à leur meilleure huile d'olive locale pour relever leurs crudités. Les Hollandais aromatisent leur bière avec. Il se fait encore timide en France mais vous pouvez en trouver dans certaines boutiques de produits exotiques et asiatiques, des épiceries fines ou sur Internet.

Annexe 3. La pile au citron

Le physicien Alessandro Volta (1745-1827) fut le premier à réaliser des expériences sur la conservation de l'électricité. Un jour, il empila des rondelles de zinc et de cuivre séparées par une rondelle de tissu imbibée d'eau salée (zinc-tissu-cuivre ; zinc-tissu-cuivre…) et s'aperçut que cela produisait du courant électrique d'autant plus fort que sa PILE était haute… Alessandro Volta inventa ce jour-là la PILE.

Vous aussi, réalisez facilement une pile du même type avec un citron, du fil électrique, une ampoule de 1,5 V maximum, un trombone et du scotch. Vous n'éclairerez pas tout Paris avec votre trouvaille, mais cela devrait suffire pour alimenter en électricité une petite ampoule :

• Découpez deux morceaux de fil électrique de 10 cm. Dénudez les extrémités.

• Scotchez une extrémité du premier fil à une lamelle de zinc (un trombone par exemple).

• Scotchez une extrémité du deuxième fil à une lamelle de cuivre (un fil électrique par exemple).

• Scotchez l'autre extrémité du fil avec la lamelle de zinc à la borne négative de l'ampoule (-).

• Insérez la lamelle de zinc dans le premier quartier de citron.

- Insérez la lamelle de cuivre dans le deuxième quartier de citron.
- La lampe ne s'allume pas : c'est normal.
- Mettez en contact l'extrémité du fil (lamelle de cuivre) avec la borne + de l'ampoule.
- Et voilà, votre ampoule s'éclaire.

Comme Alessandro Volta, vous venez de fabriquer une Pile Biologique !

Annexe 4. Citron et traditions/ Citrons et châtiments/Le citron magique

Une légende raconte que si vous mangez un citron sans faire de grimaces, tous vos désirs se réaliseront.

*****

Au Portugal, qui s'est disputé avec sa bien-aimée doit trois jours de suite pendant l'angélus piquer un citron avec une épingle en disant : « Comme je pique ce citron, je pique ton cœur. Puisses-tu ni manger, ni boire, ni dormir avant que tu ne sois venue me parler. »

*****

On considère dans certaines régions du monde qu'une femme se doit de faire souvent des tartes au citron pour que son mari lui reste fidèle.

*****

Mettre un zeste de citron sous la chaise d'un invité garantit une longue amitié.

*****

En Inde un homme repoussé par l'élue de son cœur doit planter dans des pots quatre pépins d'un citron qu'il aura lui-même mangé. Pour remplir les pots, il lui faut se procurer de la terre qui vienne pour l'un du jardin de son père, pour les autres de sa bien-aimée, du père de celle-ci et enfin de son propre jardin. Il lui faut de la patience pour attendre que poussent les arbrisseaux. C'est très bon signe si celui planté dans la terre de son père est mort alors que celui planté dans la terre du jardin du père de l'élue est en pleine forme et vigoureux. Si l'on a la chance que cela se produise, l'homme offre ce citronnier à la femme qui ne peut le refuser et, en peu de temps, elle tombe amoureuse à son tour.

*****

Selon d'anciennes croyances, jeter à la mer un citron piqué de clous peut se révéler fatal pour son ennemi : si on ne retrouve pas le fruit intact, la conjuration ne peut être brisée et celui qui en est l'objet doit expier dans d'atroces souffrances.

*****

En Inde, le citron est bénéfique, purificateur. C'est pourquoi les petits boutiquiers suspendent à un fil, sur le seuil de la porte de leur magasin, un petit citron et un piment pour écarter toute influence maléfique et leur porter bonheur.

*****

Le jus de citron a le pouvoir de nettoyer les objets magiques qui ont été utilisés par quelqu'un d'autre. Ce lavage acidulé éliminera toutes les vibrations parasites, pas forcément négatives mais toujours gênantes, dont ils sont imprégnés, l'aura de l'autre magicien venant perturber la vôtre.

Table des matières

200

201

Entretien du linge/taches

Citron désodorisant............................ 58

205

CHAPITRE 6
Le citron santé : « En bonne santé grâce au citron »

Annexes